LE PETIT
MANUEL LYONNAIS

A L'USAGE DES

TONNELIERS, VITICULTEURS, AGRICULTEURS
CHARPENTIERS, MENUISIERS, CHARRONS, BUCHERONS
SCIEURS-DE-LONG, ETC.

POUR

Apprendre à Toiser, pour le Jaugeage de toutes espèces de Futailles

Telles que : FEUILLETTES, PIÈCES, TONNEAUX
FOUDRES, CUVES, etc.

ET

CUBER LES BOIS ÉQUARRIS, BOIS RONDS & ARBRES SUR PLANTE

Par des méthodes simples et pratiques, à la portée de tout le monde, en connaissant les quatre premières règles de l'arithmétique.

L'OUVRAGE RENFERME des Notices, des Anecdotes et des Recettes utiles à savoir.
Il renferme aussi des Indices de recettes, faites par le mélange de bons engrais
pour détruire le Phylloxera, la Pyrale, le Gribouri et le Charançon,
dont ces insectes font des ravages à la vigne.
Enfin, l'ouvrage est suivi de différentes choses curieuses et utiles
à connaître pour l'usage de la vie.

Par CAZOT,

Ancien élève-maître de l'École normale de Villefranche (Rhône),
ex-instituteur communal, ex-maire, propriétaire, géomètre à Craponne (Rhône),
et membre du comice agricole de Vaugneray.

Prix : 2 Fr. 50

LYON
IMPRIMERIE L. BOURGEON
Rue Mercière, 92

1879

LE PETIT
MANUEL LYONNAIS

A L'USAGE DES

TONNELIERS, VITICULTEURS, AGRICULTEURS
CHARPENTIERS, MENUISIERS, CHARRONS, BUCHERONS
SCIEURS-DE-LONG, ETC.

POUR

Apprendre à Toiser, pour le Jaugeage de toutes espèces de Futailles

Telles que : **FEUILLETTES, PIÈCES, TONNEAUX
FOUDRES, CUVES**, etc.

ET

CUBER LES BOIS ÉQUARRIS, BOIS RONDS & ARBRES SUR PLANTE

Par des méthodes simples et pratiques, à la portée de tout le monde, en connaissant
les quatres premières règles de l'arithmétique.

L'OUVRAGE RENFERME : des Notices, des Anecdotes et des Recettes utiles à savoir.
Il renferme aussi des Indices de recettes, faites par le mélange de bons engrais
pour détruire le Phylloxera, la Pyrale, le Gribouri et le Charançon,
dont ces insectes font des ravages à la vigne.
Enfin, l'ouvrage est suivi de différentes choses curieuses et utiles
à connaitre pour l'usage de la vie.

Par CAZOT,

Ancien élève-maître de l'École normale de Villefranche (Rhône),
ex-instituteur communal, ex-maire, propriétaire, géomètre à Craponne (Rhône),
et membre du comice agricole de Vaugneray.

Prix : 2 Fr. 50

LYON

IMPRIMERIE L. BOURGEON
Rue Mercière, 92

1879

AVANT-PROPOS

On sait que dans tous les temps, le besoin de s'instruire se fit sentir dans le cœur de tous les hommes ; chez nous l'ignorance est une imperfection de nos facultés morales.

Plusieurs patrons tonneliers m'ont prié de leur faire un petit traité élémentaire intitulé : le **Petit manuel lyonnais**, *pour apprendre à jauger ou cuber toutes espèces de futailles pour trouver leur contenance, en opérant avec des méthodes simples et faciles,* lesquelles fussent à la portée de tout le monde; j'ai donc cédé à leurs prières, en leur composant ce petit ouvrage.

Cet ouvrage sera peut-être trop étendu pour beaucoup de personnes; car je n'ai rien épargné dans les méthodes et dans leur démonstration, mais, je vous dirai, qu'il n'est que la juste mesure des connaissances d'un plus grand nombre. Les méthodes que j'emploie dans ce petit traité, peuvent s'apprendre avec facilité; en opérant, on obtient la capacité des futailles avec la plus grande exactitude.

L'ouvrage est donc disposé de manière que le propriétaire, le viticulteur, le vigneron, le tonnelier, le marchand de vin, et le commerçant, et même les ouvriers de tous les arts puissent se rappeler de mémoire les rapports appliqués aux méthodes avec lesquelles ils veulent opérer, et s'en servir en tous lieux, pourvu toutefois qu'ils sachent les quatre premières règles de l'arithmétique.

J'ai augmenté ce petit traité élémentaire par des règles générales à suivre et des exemples après pour confirmer les opérations, pour apprendre à cuber les bois équarris, les bois ronds et à mesurer la hauteur des arbres par plusieurs procédés simples et pratiques à la portée de tout le monde. Enfin, je donne différentes recettes pour conserver le vin et la piquette de vigne ou eau de gêne, de plus, je donne aussi, dans ce petit traité, des recettes pour détruire le phylloxera, le gribouri, la pyrale et le charançon et autres notices, recettes et anecdotes importantes.

L'ouvrage est suivi de différentes choses curieuses et utiles à connaître pour l'usage de la vie.

Voici le sommaire :

1° Tableau des dimensions fixées par le gouvernement, pour la fabrication des tonneaux.
2° Tableau des dimensions pour la fabrication des pièces, des feuillettes beaujolaise, mâconnaises et lyonnaises.
3° Tableau des contenances en litres des fûts de différents pays de France.
4° Barême donnant la contenance des futailles.
5° Tableau des vraies proportions pour la construction des barils et des brocs.
6° Petit traité élémentaire des tonneliers.
7° Anecdotes sur le vin, son influence sur le corps et l'esprit de l'homme.
8° Anecdote faisant connaître dans quel village de la Gaule lyonnaise, on planta le premier plant de vigne.
9° Choix du terrain qui convient à la vigne ; position qu'elle préfère selon la variété des climats.
10° Précautions à prendre pour le soutirage des vins, leur transport et leur conservation.

11° Recette pour conserver la piquette du marc de raisin.
12° Recette pour éclaircir les vins troubles, et rendre limpides les vins filant comme de l'huile.
13 Recettes pour ôter le goût d'aigre, de moisi, d'évent et de fût.
14° Secrets pour connaître si l'on a mis de l'eau dans le vin, de l'alun ou du plâtre.
15° Moyens de connaître en avance quand se feront les moissons et les vendanges.
16° Tableau de la pesanteur spécifique des principaux arbres verts.
17° Méthode à employer pour calculer le poids spécifique d'un arbre vert et le chargement d'une voiture.
18° Recettes pour détruire le phylloxera, la pyrale, le gribouri, aux vignes et aux treillages; le charançon dans les ceps de vigne et recette préservatrice de l'odium ou de la maladie des raisins.
19° Baromètre de la nature, si connu des experts cultivateurs.
20° Influence de la lune rousse, si redoutée, sur la végétation des plantes.
21° Précautions à prendre pour se préserver du tonnerre ou de la foudre.
22° Anecdote apprenant la composition de la foudre et les moyens à prendre pour s'en garantir.
23° Anecdote sur le feu follet.
24° Différentes anecdotes relatives à la chute de la foudre sur le clocher de Pollionnay, où elle tua quatre hommes; dans la commune de Brindas, hameau de Pont-Chabrol, où elle tua trois femmes et deux vaches; dans la commune de Coise, près de la ferme de la Terrasse, où elle tua deux hommes; dans la commune de Saint-Genis-les-Ollières, au territoire de Champribout; dans la commune de Craponne, au territoire de Rabatte, dans et celle de Chaponost.
25° Je traite différents cas de l'asphyxie qui est une mort apparente, d'après l'illustre M. Boyard, d'Orléans. Souvent, on n a

pas un médecin ou un pharmacien à sa disposition pour traiter la personne asphyxiée, on peut cependant commencer à panser le malade par les procédés indiqués dans cet ouvrage et le ramener à la vie, en attendant qu'un médecin ou un pharmacien vienne, qui donnera à l'asphyxié les traitements qu'il faudra pour le sauver.

Je vous dirai cependant que tout citoyen doit s'empresser à apporter des secours à son semblable dans ces cas de maladies, quand les hommes d'art ne se trouvent pas tout de suite sur les lieux.

Ce petit traité élémentaire ne saurait supporter la critique des savants, il n'est pas fait pour eux, mais il est fait pour les ouvriers et pour les personnes qui ont reçu peu ou point de notions de géométrie, mais qui connaissent seulement les quatre premières règles de l'arithmétique, et qui savent calculer. Ce ne sont point des principes nouveaux que je mets au jour à la connaissance du public ; ce ne sont point non plus des solutions nouvelles de problèmes obscurs ; ce n'est point de la sience, ou plutôt c'est de la science mise à la portée de tout le monde; la théorie réduite à la pratique vulgaire; partant, la plus saisisable, la plus utile et la plus nécessaire. Et si l'on considère que la géométrie est la science la plus indispensable dans le cours de la vie humaine, puisqu'il n'y a point de condition ni de profession qui n'en ait pas besoin, l'on appréciera tout le mérite d'une œuvre qui tend à vulgariser cette science.

C'est pourquoi j'offre ce petit traité élémentaire avec confiance et j'ose espérer qu'il sera accueilli favorablement par tout le monde, et que le public en recevra une grande satisfaction, vu qu'il offre une instruction facile et peu dispendieuse. J'aurai atteint mon but, s'il devient utile et profitable à tous mes chers Concitoyens, et s'ils veulent se donner la peine de l'étudier et de l'apprécier avec attention pour s'en rendre compte, et s'en servir au besoin pour l'utilité de leur profession ou de leur commerce, qu'ils exercent parmi la société.

LE PETIT
MANUEL LYONNAIS

A L'USAGE DES

TONNELIERS, VITICULTEURS, AGRICULTEURS, CHARPENTIERS, MENUISIERS, CHARRONS, BUCHERONS, SCIEURS-DE-LONG, ETC.

Action ou l'art de cuber toutes espèces de fûts pour avoir la capacité de leurs mesures.

Un mètre cube, carré qui a six faces égales, dont chaque face à 10 décimètres de côté, contient 1000 décimètres cubes, ou bien 1000 litres, puisque un décimètre cube est un litre; il a été trouvé un rapport par M. Gravereau dit Bourguignon, maître tonnelier, ex-géomètre, qu'un mètre cube pour les cuves et pour les futailles vaut, en rond cylindrique, 785 litres.

Le pied mètre cube vaut 29 décimètres cubes $1/10$ ou bien 29 litres $1/10$ de litre en rond cylindrique.

Des maîtres tonneliers praticiens m'ont dit avoir vu une partie des fûts de France : tels qu'à Paris, ils ont mesuré au liquide, et cubé, ils ont rencontré juste. De plus, ils ont voyagé en France à ce sujet pour voir les différents fûts qui existent, par exemple, comme dans le Lyonnais, le Beaujolais, le Mâconnais, la Bourgogne, la Champagne, l'Orléanais, la Touraine, la Saintonge, le Bordelais, le Languedoc, la Provence, le Dauphiné, la Normandie, etc. Ces maîtres tonneliers praticiens ont mesuré aussi au liquide et cubé différents fûts dans chacun de ces endroits, ils ont rencontré partout juste. Cependant s'il se trouvait, en mesurant un liquide, un fût quelconque et qu'il y eût quelques litres de moins ou de plus, cela viendrait de l'inégalité du bois en dedans,

— 8 —

car en se servant du rapport de Gravereau, 785 litres par mètre cube en rond cylindrique, on opère aussi bien dans le bois bourru que dans la faïence ou dans le ferblanc ; aussi j'ai fait des expériences sur des fûts de différentes formes, j'ai reconnu que cette manière d'opérer était juste pour trouver la capacité des cuves et des futailles.

La méthode pour cuber les différents fûts réduits en rond cylindrique est très-simple et très-abrégée, puisqu'il n'y a pas besoin du rapport d'Archimède 7 à 22, ni de celui de Métius 113/355 ; en connaissant les quatres premières règles de l'arithmétique, on peut cuber toutes sortes d'objets en fait que des cuves et des futailles.

PREMIER EXEMPLE :

Règle générale à suivre : Supposons une cuve qui aurait 1 mètre 92 centimètres de diamètre en haut, et 2 mètres 24 cent. de diamètre en bas ; il faut additionner les deux diamètres ensemble, ce qui donne 4^m 16 cent., on en prend la moitié, il vient 2^m,08 c. dont il faut en faire le carré ou bien d'abord multiplier la moitié par elle-même, ensuite multiplier le produit par la profondeur ou la hauteur intérieure de la cuve, que je suppose d'être de 2 mèt. 60 cent., puis multiplier ce dernier produit par le rapport de Gravereau, 785 litres, contenance du mètre cube en rond cylindrique, il vient 8,830 litres 18 centilitres, ou bien 88 hectolitres, 30 litres 18 cent. ; on voit qu'il faut séparer par une virgule deux chiffres à droite dans les litres pour trouver les hectolitres à gauche.

	1,92
	2,24
	4,16
La moitié	2,08
	2,08
	1664
	000
	416
Le carré	4,3264

```
        Le carré         4,3264
   Hauteur de la cuve    2,60
                        ─────────
                         00000
                         2,59584
                         8,6528
                        ─────────
                        11,248640
   Rapport               785
                        ─────────
                        56,243200
                       899,89120
                      7874,0480
                        ─────────
                      8830,182400
```

Cet exemple d'opération étant fini, on sépare au produit par une virgule autant de chiffres décimaux qu'il y en a dans les deux nombres de la multiplication; on voit qu'il y en a six à droite dans celui d'en haut, on en sépare six à droite au produit, et l'on a pour résultat 8,830 litres 18 centilitres; on néglige les fractions décimales à droite parce qu'elles sont de peu de valeur.

DEUXIÈME EXEMPLE.

Règle générale à suivre : Connaître la quantité de litres contenus dans une bareille ou dans une pièce de vin dont les deux diamètres des deux fonds sont égaux.

Le diamètre intérieur du bouge $0^m,63$ cent., le diamètre intérieur du fond $0^m,61$ cent., la longueur intérieure de la pièce ou de la bareille $0^m,71$ cent. que l'on mesure avec une baguette en faisant des marques dessus sans prendre l'épaisseur de la douve, puis on mesure le bout de l'extrémité de la baguette jusqu'aux marques faites avec un couteau, et cela avec le mètre.

Pour résoudre ce problème, on opère comme dans l'exemple précédent de la cuve, c'est-à-dire que l'on additionne le diamètre du bouge $0^m,63$ cent., avec le diamètre du fond $0^m,61$ cent., qui donne $1^m,24$ cent.; on en prend la moitié qui est de $0^m,62$ cent., qui est le diamètre moyen, d'abord on le multiplie par lui-même pour avoir le carré du fond moyen, ensuite on multiplie le produit par la longueur intérieure prise par le trou de la fontaine de la pièce de vin ; puis, le produit par la valeur 785 litres du mètre cube en rond cylindrique ; voici l'exemple :

	0,63
	0,61
La moitié	1,24
	62
	62
	124
	372
Le carré	0,3844
Hauteur	0,71
	3844
	26908
	0,272924
Rapport	785
	1,364620
	21,83392
	191,0468
	214,245340

Le résultat dudit problème ci-dessus est de 214 litres 24 centilitres ; on sépare au produit comme on voit, par une virgule, autant de chiffres décimaux que le nombre au-dessus de la multiplication en contient ; il en contient six, par conséquent j'en sépare six à droite, le nombre à gauche de la virgule exprime le nombre de litres contenus dans la pièce de vin, et le nombre à droite exprime les décilitres et les centilitres.

Les barils, les feuillettes, les bareilles ou pièces de vin, les tonneaux et les foudres s'opèrent par la même méthode que l'on vient d'employer, quand leurs formes sont régulières et que leurs diamètres des fonds sont égaux.

TROISIÈME EXEMPLE :

S'il existait dans différents fûts des diamètres de fonds d'inégale longueur, on serait obligé d'additionner les deux diamètres des fonds avec celui du bouge et en prendre le tiers ; soit un tonneau qui aurait 0ᵐ,89 cent. pour le diamètre du plus grand fond, 0ᵐ,78 de diamètre pour le plus petit fond, et 0ᵐ,91 cent. pour celui du bouge ; on additionne les trois diamètres qui font 2ᵐ,58, on en prend le tiers, il vient 0ᵐ,86 cent. pour le diamètre moyen que l'on multiplie d'abord par lui-même, le produit obtenu est ensuite multiplié par la longueur intérieure du tonneau qui est 1ᵐ,04 c., enfin, on multiplie ce second produit par le rapport de 785 litres, contenance du mètre cube en rond cylindrique ; au produit de cette dernière multiplication, on a le résultat du nombre de litres que le tonneau contient ; exemple de l'opération :

```
                           0,89
                           0,78
                           0,91
                          ─────
                           2,58
        Le tiers           0,86
                           0,86
                          ─────
                            516
                            688
                          ─────
                           7396
   Hauteur du tonneau      1,04
                          ─────
                          29584
                           0000
                           7396
                          ─────
                       0,769184
        Rapport            785
                       ────────
                       3,845920
                       61,53472
                       538,4288
                       ────────
                       603,809440
```

La contenance du tonneau est donc 603 litres 80 centilitres.

On voit que l'on a séparé six chiffres décimaux à droite par une virgule, parce que le nombre de la multiplication au-dessus en renferme six ; le nombre de chiffres à gauche renferme les litres, et celui qui est à droite renferme les décilitres et les centilitres.

QUATRIÈME EXEMPLE (AUTRE MÉTHODE) :

Voici une règle générale, simple et facile à suivre pour calculer la capacité d'un tonneau et des autres futailles.

Il faut doubler le diamètre intérieur du bouge ; à ce double diamètre, ajouter le diamètre moyen des fonds, diviser par six la somme obtenue, faire le carré du quotient ; multiplier ce carré par 3,1416, rapport de Métius, et enfin multiplier le dernier produit par la longueur intérieure du tonneau.

Exemple de l'opération :

On demande la capacité d'un tonneau dont le diamètre intérieur au bouge est $0^m,891$ mill., le diam. intérieur du fond $0^m,791$ mill. et la longueur intérieure du tonneau $1^m,039$ mill.

```
                891
                891
                791
              _____
              2,573    | 6
                17     | 0m,42883
                53       0m,42883
                50
                20       128649
                 2       343064
                         343064
                          85766
                         171532
                        _____
                        0,1838941689
                        3,1416
                        _____
                        11033650134
                         1838941689
                         7355766756
                         1838941689
                         5516825067
                        _____
                        0,57772192101624
                        1,039
                        _____
                        519994728914616
                        173316576304872
                        000000000000
                        57770192101624
                        _____
                        0,600,23307593587336
```

Rapport de Métius

Hauteur du tonneau

La capacité du tonneau ci-dessus, est de 600 litres 23 centilitres ; on a séparé au produit, par une virgule, autant de chiffres décimaux que les nombres dessus et dessous en contiennent ; ils en contiennent dix-sept, les trois premiers à gauche expriment la capacité du tonneau, les suivants, à droite, expriment les décilitres, les centilitres, les millilitres, etc.

Voici le même exemple que ci-dessus, mais opéré avec le rapport de Gravereau 785 litres par mètre cube en rond cylindrique dont la méthode est aussi très-simple et très-facile à suivre en doublant le diamètre intérieur du bouge, puis ajoutant celui du fond, on prend le tiers, en faire le carré puis multiplier le produit par la longueur du tonneau et par le rapport 785, on a le résultat.

On demande la contenance d'un tonneau dont le diamètre intérieur du bouge $0^m,891$ millimètres, le diamètre intérieur du fond $0^m,791$ millimètres et la longueur intérieure du tonneau $1^m,039$ millimètres.

```
                                      891
                                      891
                                      791
                                   ─────────
                                   2^m,573
        Le carré du tiers             0,85766
                                      0,85766
                                   ─────────
                                    514596
                                    514596
                                    600362
                                    428830
                                    686128
                                   ─────────
                                   7355806756
     Hauteur du tonneau             1,039
                                   ─────────
                                   66422260804
                                   22177420268
                                   0000000000
                                   7355806756
                                   ─────────
                                   0,7644003219484
```

— 14 —

```
   0,7644003219484
            785
  ─────────────────
       38220016097420
       61152025755872
       53508022536388
  ─────────────────
     600,0542527294940
```

Le résultat du produit de l'opération, par le rapport de 785, est aussi juste comme on le voit, il est de 600 litres ; il n'y a qu'une différence légère dans les fractions décimales.

CINQUIÈME EXEMPLE :

On veut savoir quelle est la capacité d'une pièce de vin dont le diamètre intérieur est de 0^{m}636 millimètres, le diamètre moyen intérieur des fonds 0^{m}558 millimètres et la longueur intérieure, 0^{m}745.

Voici la règle générale à suivre par le rapport de Graverau : d'après sa méthode pour calculer la capacité d'une pièce de vin, on double le diamètre intérieur du bouge, à ce double diamètre on ajoute le diamètre moyen intérieur des fonds, diviser par 3 ou en prendre le tiers, la somme obtenue faire le carré du quotient, multiplier le produit par la longueur de la pièce, et enfin multiplier ce dernier produit par le rapport 785 litres.

OPÉRATION :

```
                                 0,636
                                 0,636
                                 0,558
                                ──────
                                 0,1830
  Le carré du tiers              0,610
                                 0,610
                                ──────
                                   000
                                   610
                                  3660
                                ──────
                                 0,372100
```

```
                              0,372100
    Longueur de la pièce      0,745
                             ─────────
                              1860500
                              1488400
                              2604700
                             ─────────
                            277214500
    Rapport                   785
                           ───────────
                          1 386072500
                         22 17716000
                        194 05815000
                        ─────────────
                        217,613381500
```

Le résultat de la capacité de la pièce comme on voit est de 217 litres 61 centilitres ; on a séparé par une virgule autant de chiffres décimaux à droite qu'il y en a dans le nombre au-dessus de la multiplication, il y en a neuf, on en a séparé neuf ; le nombre au-dessous, qui est le rapport de 785 litres, est considérés comme un nombre entier, parce qu'il exprime les litres contenus dans un mètre cube rond.

Le même problème à résoudre que celui ci-dessus, d'après la méthode de Métius, 3, 1416, c'est-à-dire que la circonférence contient 3 fois 1416 dix millièmes de fois le diamètre.

```
                        OPÉRATION

                          0,636
                          0,636
                          0,558
                         ───────
                          1,830
    Le carré du tiers      610
                           610
                         ───────
                           000
                           610
                          3660
                         ───────
                         0,372100
```

```
                          0,372100
Le rapport de Métius      3,1416
                         ─────────
                          2232600
                           372100
                          1488400
                           372100
                          1116300
                        ───────────
                        1,1689893600
                        36        |4      diviser le produit par
                        08        0,29224 le quart en le rédui-
                        09                sant de 100 millièm.
                        18
                         2        0,745 hauteur de la pièce.
                              ───────
                               146120
                               116896
                               204568
                              ─────────
                              0,21771880
```

On voit que le résultat de l'opération faite d'après le rapport de Métius, revient au même résultat que celui de Gravereau, 785.

La capacité de la pièce de vin est de 217 litres 71 centilitres, il y a une petite différence dans les fractions décimales, mais la différence étant de peu de valeur, on la néglige.

Pour les pièces, les tonneaux et les foudrés, l'on emploie différents moyens pour connaître leur contenance ou capacité, mais ces moyens quels qu'ils soient ne conduisent qu'à une contenance plus ou moins rapprochée. Les difficultés qu'on y rencontre n'ont jusqu'ici pu être vaincues par la géométrie la plus relevée, ce qui étonnera quelques lecteurs, c'est qu'après avoir mesuré le liquide sorti d'une pièce ou d'un tonneau, etc., et qu'on les fasse relier ou rabattre par un tonnelier avant de le remplir les dimensions de la minute se trouvent après changées ; il y rentrera certainement un peu moins de liquide qu'il en contenait auparavant, quand on lui avait mis le premier vin ou le premier liquide quelconque.

Méthode générale à suivre pour mesurer un foudre dont les diamètres intérieurs du bouge et ceux des fonds peuvent être inégaux, ainsi que les longueurs intérieures.

Pour mesurer un foudre dont les fonds ne sont pas circulaires, ni le diamètre du bouge et les longueurs intérieures, quand il est vide, deux hommes y entrent, par la porte ou ouverture du foudre, l'un muni d'une lumière, et l'autre d'un décamètre, lequel doit prendre dix mesures dans l'intérieur du foudre. D'abord la hauteur intérieure de devant du fond et celle en travers; ensuite la hauteur intérieure de derrière et celle en travers, puis la hauteur extérieure du bouge et celle en travers, on additionne ensemble ces six mesures, la somme obtenue on la divise par 6 pour avoir le diamètre moyen intérieur du foudre. Puis, pour la longueur intérieure du foudre, on prend quatre mesures, la longueur intérieure en bas, la longueur intérieure du côté droit ou de l'aile droite; la longueur intérieure du côté gauche ou de l'aile gauche, on additionne ensemble ces quatre mesures, de la somme obtenue on divise par 4 pour avoir la longueur moyenne du foudre, on fait le carré du diamètre moyen, c'est-à-dire qu'on le multiplie par lui-même, du produit on e multiplie par la longueur ou la hauteur moyenne du foudre, puis du produit par le rapport de Gravereau, 785 litres, contenance du mètre cube en rond cylindrique.

Au résultat on sépare par une virgule à droite autant de chiffres décimaux qu'il y en a dans le nombre de la multiplication au dessus : ceux qui sont à gauche expriment les litres et ceux sont à droite expriment les décilitres et les centilitres, etc.

OPÉRATION

Pour calculer la capacité d'un foudre dont les dimensions sont plus larges ou plus longues dans un sens que dans un autre.

Le diamètre moyen du fondre :

1° Hauteur intérieure sur le devant du foudre . . 1ᵐ40
2° Hauteur intérieure sur le devant et en travers 1ᵐ41
3° Hauteur intérieure sur le derrière du foudre. 1ᵐ41
4° Hauteur intérieure sur le derrière en travers 1ᵐ40
5° Hauteur intérieure du bouge du foudre . . . 1ᵐ61
6° Hauteur intérieure du bouge en travers. . . 1ᵐ59
                                   Total. 8ᵐ82

On divise le total 8ᵐ82 par 6 pour avoir le diamètre moyen.

OPÉRATION

$$\begin{array}{r|l} 8,82 & 6 \\ 2,8 & 1,47 \\ 42 & \\ 0 & \end{array}$$

Le quotient, qui est de 1ᵐ, 47 cent., est le diamètre moyen du foudre, en largeur moyenne.

Longueur moyenne du foudre.

1° Longueur intérieure du foudre en bas 1ᵐ,44
2° Longueur intérieure du foudre en haut. . . ; . . . . 1 ,45
3° Longueur intérieure du côté droit ou l'aile droite . . 1 ,48
4° Longueur intérieure du côté gauche ou l'aile gauche. 1 ,44
                                          Total. . . . . . 5 ,84

On divise le total 5,84 par 4.

$$\begin{array}{r|l} 5,84 & 4 \\ 1,8 & 1,46 \\ 24 & \\ 0 & \end{array}$$

Le quotient, qui est de 1,46 c., est la longueur moyenne du foudre.

On fait le carré du diamètre moyen.

$$\begin{array}{r} 1^m,47 \\ 1^m,47 \\ \hline 1029 \\ 588 \\ 147 \\ \hline 2,1609 \end{array}$$

                                  2,1609
Hauteur du foudre   1,46
                                  ─────────
                                  129654
                                   86436
                                   21609
                                  ─────────
                                  3,154914
Rapport   785
                                  ─────────
                                  15774570
                                  25239312
                                  22084398
                                  ─────────
                                  2476,607490

La capacité du foudre est de 2,476 litres 10 centilitres.

On a séparé six chiffres décimaux au produit, parce qu'il y en avait six au nombre au-dessus de la multiplication; et en séparant encore deux chiffres à droite dans le nombre de lit. on a 24 hect. 76 litres 10 centilitres.

Le même problème par le rapport de Métius 3,1416.

                                  1^m,47
                                  1^m,47
                                  ─────────
                                  1029
                                   588
                                   147
                                  ─────────
                                  2,1609
Rapport de Métius   3,1416
                                  ─────────
                                  129654
                                   21609
                                   86436
                                   21609
                                   64827
                                  ─────────
                                  6,78868744 | 4   On divise par le
                                  27   ─────────   quart réduit en
                                  38   1,69712   cent-millièmes.
                                  28   1,46   Haut. du foudre
                                  06   ─────────
                                  08   1018272
                                   0   678848
                                               169712
                                               ─────────
                                               2477,7952

La capacité du foudre par le rapport de Métius 3,1416 dix-mill. est de 2477 litres 79 centil., en séparant à droite deux chiffres dans le nombre de litres, on a 24 hectol. 77 litres 79 centilitres.

Connaître la quantité de litres de vin contenus dans une cuve elliptique ou ovale.

Pour avoir la capacité d'une cuve elliptique ou ovale, voici la règle générale à suivre : On multiplie le grand axe intérieur par le petit axe intérieur, du produit on le divise par 1000, le quotient donne la surface de l'elliptique, qu'on multiplie par la hauteur intérieure pour avoir les mètres cubes, décim. et centim. cubes ; puis de ce dernier produit on le multiplie par le rapport de Gravereau, 785 litres pour avoir le résultat.

EXEMPLE DE L'OPÉRATION :

Soit une cuve elliptique ou ovale dont le grand diamètre intérieur ou le grand axe a 3^m,50 cent., le petit diamèt. intérieur ou le petit axe a 2^m,16 cent. la hauteur intérieure de la cuve 1^m,80 cent.

Opération par le rapport 785 litres :

```
    Les longueurs    3m,50
    des deux axes.   2m,16
                     —————
                     2100
                     350
                     7,00
                     —————
                     7,5600   |1000
                     5600     7,56
                     6000
Hauteur de la cuve   1,80
                     —————
                     000
                     6,048
                     7,56
                     —————
                     13,6080
```

```
                        13,6080
         Rapport         785
                        ──────
                        680400
                       1088640
                        952560
                       ────────
                       10672,2800
```

On sépare quatre chiffres à droite par une virgule, on obtient 10,672 litres 28 centilitres.

Le même exemple, par la méthode Métius. Rapport de Métius, 3,1416 :

```
              3ᵐ,50
              2ᵐ,16
             ──────
              2100
               350
               700
             ──────
              7,5600   |1000
               5600    ─────
               6000    7,56
Rapport de Métius 3,1416
              ──────
               4536
                756
               3024
                756
               2268
             ─────────
             23,750496   |  4
                   37    ─────────
                   15    5,937624
                   30    1,80
                   24    ────────
                   09    .0000000
                   16    47500992
                         5937624
                       ──────────
                       10687,72320
```

L'opération faite par le rapport 785, valeur du mètre cube en rond cylindrique donne au produit 10672 litres 28 centilitres ou 106 hect. 72 litres 28 centilitres.

L'opération faite par le rapport de Métius 3,1416 dix-millièmes, donne au produit 10687 litres 73 centil., ou 10 hectil. 687 litres 72 centilitres.

On voit que les deux méthodes différentes d'opérer sont à peu près les mêmes, ainsi la contenance de la cuve est juste. S'il y a quelque chose de plus par la méthode de Métius, cela vient que le rapport 3,1416 donne un peu plus de précision dans le calcul.

Nota. — Autre manière d'opérer qui revient au même résultat : On prend le quart de la surface trouvée ou on le divise par 4, le quotient donne 1 mètre carré 89 décimèt. carrés ; on le multiplie par le rapport 3,1416 dix-millièmes, du produit, on le multiplie par la hauteur intérieur de la cuve, 1 mètre 80 centim., l'on obtient le même résultat, 10,687 litres 72 centilitres ; en ayant soin de séparer cinq chiffres à gauches par une virgule, pour obtenir les litres.

Voici les dimensions des tonneaux fixées par le gouvernement :

La capacité des tonneaux est en rapport avec le nouveau système. Tous les tonneaux faits suivant les nouvelles dimensions sont semblables, si la longueur intérieure était divisée en vingt-une parties égales, le diamètre intérieur du bouge en contiendrait 18, le diamètre du fond en contiendrait 16.

Tableau des dimensions des nouvelles futailles pour le vin et pour les autres liquides.

NOMS DES PIÈCES	Leur contenance en litres.	Longueur intérieure en millimèt.	Diamètre intérieure du bouge en millimèt.	Diamètre intérieure du fond en millimèt.
Demi-hectolitre . . .	50	454	389	385
Hectolitre	100	572	490	435
Double-hectolitre . .	200	720	618	548
Trois hectolitres . .	300	825	707	628
Quatre hectolitres . .	400	908	778	691
Demi-kilolitre	500	978	838	745
Six hectolitres . . .	600	1,039	891	771
Sept hectolitres . . .	700	1,093	938	833
Huit hectolitres . . .	800	1,144	980	871
Neuf hectolitres . . .	900	1,190	1,019	906
Kilolitre	1,000	1,223	1,056	938

Tableau des dimensions des bareilles ou pièces de vin et feuillettes lyonnaises, beaujolaises et mâconnaises.

DIMENSIONS des bareilles ou pièces et feuillettes.	Leur contenance en litres	Longueur intérieure en centimèt. et millimèt.	Diamètre intérieure du bouge en centimèt. et millimèt.	Diamètre intérieure du fond en centimèt. et millimèt.
Une bareille ou une pièce	210	72 cent	65 cent	57 cent
idem.	213	72	65	58
idem.	215	72	65	58,5
idem.	218	72	65	59
idem.	220	72	65	59,8
Feuillettes	100	58	50	44
idem.	107	58	50	47
idem.	110	58	51,5	47

Trouver la contenance de litres dans une cuve, d'après le rapport de Métius.

Le rapport de Métius contient 3,1416 dix-millièmes le diamètre; c'est-à-dire que le rapport est 3 fois plus grand qu'un diamètre quelconque et plus 1416 dix-millièmes.

Règle à suivre : Pour trouver le nombre de litres dans une cuve, il faut additionner le diamètre du fond de la cuve avec celui en haut, prendre la moitié de la somme pour avoir le diamètre moyen, ensuite multiplier le diam. moyen par le rapport 3,1416. Le produit donne la circonférence intérieure de la cuve ; la circonférence étant trouvée, on en prend le quart ou bien on le divise par 4. Le quotient donne le quart de la circonférence, qu'il faut multiplier par le diamètre moyen de la cuve; le produit, doit être multiplié par la hauteur intérieure de la cuve et l'on obtient le résultat.

Exemple : Soit une cuve, diamètre intérieure du fond 1^m,59 ; diamètre intérieure en haut, 1^m,45 ; hauteur intérieure, 1^m,40.

$$
\begin{array}{r}
1^m,59 \\
1^m,45 \\
\hline
3,04 \\
\end{array}
$$

Diamètre moyen   1,52

$$
\begin{array}{r}
1^m,52 \\
3,1416 \\
\hline
912 \\
152 \\
608 \\
152 \\
456 \\
\hline
4,775232 \\
37 \\
15 \\
32 \\
032 \\
\end{array}
\quad\Big|\ \underline{4}
$$

1,193808 diamètre mo-
1,52   yen réduit au
——————   millionième.
2387616
5969040
1193808
——————
1,81458816
1,40
——————
000000000
725835264
181458816
——————
2540,4234240

La contenance de la cuve est de 25 hectolitres, 40 litres et 42 centilitres.

Nota. — Si une cuve était bougeuse par le milieu, il faudrait alors prendre trois diamètres intérieurs ; celui du fond, celui du bouge et celui d'en haut, les additionner ensemble, de la somme en prendre le tiers pour avoir le diamètre moyen, ensuite opérer comme dans l'exemple ci-dessus indiqué.

Tableau de contenance en litres des fûts de différents pays de France.

Marseille, pièce	226	Rhône, un muid	288
Languedoc, demi-queue	272	Mâcon, pièce	213 à 220
— demi-muid	340 à 360	— quartaut	106
— un muid	680 à 720	Beaujolais, pièce	213 à 220
Roussillon, demi-queue	272	— quartaut ou feuillette	106 à 110
— demi-muid	340 à 360	Pouilly-Mâcon, pièce	212 à 220
— un muid	680 à 720	— quartaut	106
Gironde, pièce ou barrique	228	Côte-d'Or, demi-queue	228
— quartaut	110	Dijon, demi-queue	228
Bordeau, pièce ou barrique	228	Châlons-s-Saône, demi-q.	222
— quartaut	110	Beaune, quartaut	113
Auvergne, pièce	210	Nuits, —	113
Tarn-et-Garonne, barrique	228	Yonne, pièce	272
Lot-et-Garonne, —	228	— feuillette	136
Lot, —	228	Auxerre, pièce	272
Dordogne, —	228	— feuillette	136
Gers, —	228	Joigny, pièce	272
Anjou, pièce	245	— feuillette	136
Nantes, —	245	Chablis, pièce	272
Touraine, —	250	— feuillette	136
Tours, —	250	Champagne, pièce	200
Vouvray, —	250	Epernay, —	200
Cher, poinçon	250	Reims, —	200
Pouilly-sur-Loire, quartaut	105	Seine-et-Oise, —	228
Blois, poinçon	228	— un muid	266
— pièce	236	Ereusier, pièce	212
Loiret, —	230	— Venaison	206
Orléans —	230	— Sancerre	230
Rhône, bareille ou pièce	213 à 220	— Sologne	236
— feuillette	106 à 110	— Chinon	240

Contenance des principales bouteilles :

Champagne, 8 décilitres.
Bordeau, 6 décil. 3 centilitres.
Madère, 6 décilitres.
Liqueurs de Hollande, 6 décilit.

Vin du Rhin, 7 décilitres.
La Lyonnaise et la Forézienne, 666 millilitres, très-variable en plus et en moins.

— 26 —

Manière de se servir d'un barême ou des comptes faits pour les futailles.

Je joins à cet ouvrage un tableau, de barême ou des comptes faits pour les cuves et les futailles, de six pages, pour donner la facilité aux personnes qui ne sauraient pas bien calculer ou qui ne voudraient pas se donner la peine de calculer la capacité des fûts. Le barême, ou les comptes-faits que j'ai établis ici, commence depuis un pied cube $0^m,33$ cent. cubes, dont la contenance est de 29 litres et un dixième de litre jusqu'à un autre objet à la fin de la sixième page de 10 pieds, ou $3^m,33$ cent. de profondeur ou de hauteur, dont la contenance est de 29,100 litres.

Trouver la contenance d'une pièce de vin.

On suppose qu'on veuille cuber la contenance d'une pièce ou d'une bareille de vin, d'abord on mesure la hauteur du bouge intérieur, ensuite la hauteur du fond intérieur, puis la longueur intérieure de la pièce ou de la bareille par le trou de la fontaine, avec une baguette que l'on mesurera ensuite avec le mètre.

Soit une pièce ou une bareille de vin dont la hauteur intérieure du bouge est de $0^m,67$ cent. ou 2 pieds, et la hauteur intérieure du fond est de $0^m,56$ cent. ou 1 pied 10 pouces, et la longueur intérieure 2 pieds 3 pouces ou de $0^m,75$ cent.; on additionne le diamètre du bouge avec celui du fond, on en prend la moitié, on trouve $0^m,58$ cent. ou 1 pied 9 pouces pour le diamètre; alors on cherche en tête du tableau du barême des comptes-faits de la 1re page à la colonne des longueurs, à la 6e ligne et à la 4e ligne de la contenance en litres, où je trouve 197 litres pour la contenance de la pièce.

Trouver la contenance d'un tonneau ou bien d'un foudre.

Soit un tonneau ou bien un foudre, après lui avoir trouver son diamètre moyen, supposez qu'il serait de 2 pieds 6 pouces ou de

0^m,83 cent. par 3 pieds 6 pouces ou 1,17 cent. de longueur, on cherche son diamètre moyen en tête du tableau de la 1re page, et à la 7e colonne, puis on descend jusqu'à la onzième ligne où est la longueur du tonneau, on trouve 6 hectolitres 85 litres de contenance.

Manière de trouver la contenance d'une cuve à confectionner.

Soit un propriétaire voulant commander une cuve à un maître tonnelier, de 52 hectolitres environ, après avoir cherché dans le tableau du barême des comptes-faits, on trouve la contenance au 5e tableau en face, à la 3e ligne et à la 3e colonne, en descendant jusqu'à la 14e ligne, une contenance de 52 hectolitres et 25 litres, dont le diamètre moyen est de 6 pieds 6 pouces ou 2^m,17 cent., par une profondeur intérieure de 4 pieds 3 pouces ou de 1^m,42 c.; alors c'est au maître-tonnelier à confectionner la cuve en lui donnant le diamètre qu'il faut en bas, et le diamètre qu'il faut en haut pour que la cuve ait une contenance de 52 hectolitres environ.

Le tableau du barême ou des comptes-faits n'étant qu'un abrégé, il faudrait un trop fort volume pour le rendre au complet, et c'est ce qui aurait beaucoup augmenté le prix du volume.

Il existe en tête du tableau un intervalle de 2 pouces ou 0^m,054 millim. qui ne sont pas exprimés d'une colonne à l'autre pour le diamètre moyen; il en est de même d'une ligne à l'autre pour la longueur.

S'il arrivait par hazard en mesurant un fût ou une cuve, que les mesures tombassent dans l'intervalle de l'une de sur celles qui ne sont pas exprimées pour le diamètre moyen en tête des colonnes, de même pour les longueurs sur les lignes d'intervalle, alors il faudrait que celui qui sait calculer, se serve du rapport de Gravereau, de 785 litres, contenance du mètre cube en rond cylindrique, ou bien de se servir du rapport de Métius 3,1416 dix-millièmes, exprimé au commencement de l'ouvrage pour le cubage des futailles, si l'on veut avoir la contenance de la cuve ou du fût que l'on veut chercher.

TABLEAU DES COMPTES FAITS
pour trouver la contenance des futailles ou d'autres objets.

Diamètre moyen des futailles ou des objets.

Longueur ou hauteur des objets.		1 pd » pe	1,3	1,6	1,9	2,»	2,3	2,6	2,9	3,»	3,3
en pieds et pouces.	en mètres et centim.	0m,33c	0,42	0,50	0,58	0,67	0,75	0,83	0,92	1,»	1,08
pieds pouces	mètres centim.	hectol. litres	hectol. litres	hectol. litres	hectol. litres	hectol. litres	hectol. litres	hectol. litres	hectol. litres	hectol. litres	hectol. litres
1,»	0,33	0,294/10	0,45	0,65	0,87	1,16	1,46	1,78	2,19	2,33	3,02
1,3	0,42	0,36	0,58	0,82	1,08	1,38	1,85	2,38	2,79	2,66	3,84
1,6	0,50	0,43	0,69	0,98	1,32	1,76	2,21	2,70	3,32	3,53	4,57
1,9	0,58	0,50	0,80	1,14	1,53	2,03	2,56	3,13	3,55	4,09	5,31
2,»	0,67	0,58	0,92	1,31	1,76	2,35	2,76	3,61	4,44	5,24	6,13
2,3	0,75	0,65	1,03	1,48	1,97	2,63	3,33	4,04	4,98	4,73	6,86
2,6	0,83	0,72	1,14	1,65	2,19	2,80	3,67	4,47	5,32	5,86	7,59
2,9	0,92	0,80	1,25	1,84	2,42	3,23	4,07	4,96	6,11	6,49	8,39
3,»	1,»	0,87	1,36	1,96	2,64	3,51	4,22	5,39	6,94	7,06	9,15
3,3	1,08	0,94	1,48	2,13	2,85	3,77	4,78	5,83	7,17	7,63	9,88
3,6	1,17	1,01	1,59	2,30	3,09	4,08	5,17	6,31	7,73	8,26	10,71
3,9	1,25	1,08	1,70	2,46	3,29	4,36	5,23	6,74	8,29	8,83	11,44
4,»	1,33	1,16	1,82	2,62	3,50	4,67	5,88	7,17	8,82	9,09	12,17
4,3	1,42	1,23	1,93	2,79	3,74	4,79	6,28	7,66	9,42	10,03	12,99
4,6	1,50	1,30	2,04	2,95	3,95	5,27	6,63	8,09	9,95	10,29	13,73

Tableau des comptes faits pour trouver la contenance des futailles ou d'autres objets.

Diamètre moyen ou des objets.

Longueur ou hauteur des objets		1 p^d 6 p^{os}	1,3	1,6	1,9	2,"	2,3	2,6	2,9	3,"	3,3
en pieds et pouces	en mètres et centimèt.	0^m,33^c	0,42	0,50	0,58	0,67	0,75	0,83	0,92	1,"	1,08
pieds pouces	mètres contim.	hectol. litres	hectol. litres	hectol. litres	hectol. litres	hectol. litres	hectol. litres	hectol. litres	hectol. litres	hectol. litres	hectol. litres
4,9	1,58	1,36	2,18	3,10	4,17	5,52	7,"	8,62	10,45	12,42	14,57
5,"	1,67	1,44	2,30	3,27	4,41	5,82	7,36	9,09	11,"	13,09	15,33
5,3	1,75	1,50	2,41	3,44	4,62	6,11	7,73	9,52	11,55	13,74	16,13
5,6	1,83	1,57	2,52	3,59	4,83	6,40	8,10	9,97	12,10	14,39	16,89
5,9	1,92	1,65	2,65	3,76	5,09	6,69	8,46	10,45	12,65	15,05	17,65
6,"	2,"	1,72	2,76	3,92	5,28	6,98	8,83	10,91	13,30	15,71	18,43
6,3	2,08	1,79	2,87	4,08	5,49	7,26	9,22	11,35	13,75	16,36	19,28
6,6	2,17	1,87	2,93	4,25	5,72	7,56	9,57	11,81	14,30	17,02	19,97
6,9	2,25	1,94	3,10	4,41	5,93	7,93	9,96	12,27	14,91	17,68	20,74
7,"	2,33	2,01	3,21	4,57	6,14	8,14	10,31	12,73	15,40	18,33	21,49
7,3	2,42	2,08	3,34	4,75	6,38	8,39	10,72	13,20	16,"	19,04	22,31
7,6	2,50	2,14	3,45	4,91	6,67	8,73	11,05	13,63	16,50	19,63	23,04
7,9	2,58	2,21	3,51	5,06	6,80	9,02	11,43	14,07	17,06	20,29	24,42
8,"	2,67	2,30	3,75	5,24	7,11	9,31	11,82	14,55	17,60	20,95	24,58
8,3	2,75	2,36	3,79	5,39	7,25	9,50	12,31	15,"	18,18	21,69	25,35
8,6	2,83	2,43	3,90	5,55	7,56	9,89	12,53	15,45	18,70	22,26	26,11
8,9	2,92	2,51	4,03	5,73	7,71	10,26	12,93	15,93	19,32	22,91	26,92
9,"	3,"	2,58	4,14	5,88	7,95	10,47	13,25	16,35	19,80	23,57	27,65
9,3	3,08	2,65	4,25	6,04	8,13	10,76	13,64	16,80	20,37	24,23	28,40
9,6	3,17	2,73	4,31	6,22	8,45	11,05	14,"	17,36	20,90	24,88	29,19
9,9	3,25	2,80	4,44	6,38	8,83	11,36	14,40	17,72	21,49	25,63	29,90
10,"	3,33	2,86	4,59	6,53	8,90	11,63	14,73	18,15	22,"	26,19	30,73

TABLEAU DES COMPTES FAITS
pour trouver la contenance des futailles ou d'autres objets.

Diamètre moyen des futailles ou des objets.

Longueur ou hauteur des objets		3 p⁽ᵈˢ⁾ 6 p⁽ᶜˢ⁾	3,9	4,»	4,3	4,6	4,9	5,»	5,3	5,6	5,9
en pieds ou pouces	les mètres et centimèt.	1ᵐ,17ᶜ	1,25	1,33	1,42	1,50	1,58	1,67	1,75	1,83	1,92
pieds pouces	mètres centim.	hectol. litres	hectol. litres	hectol. litres	hectol. litres	hectol. litres	hectol. litres	hectol. litres	hectol. litres	hectol. litres	hectol. litres
1,»	0,33	3,55	4,05	4,58	5,26	5,83	6,46	7,22	7,93	8,63	9,54
1,3	0,42	4,51	5,15	5,82	6,67	7,42	8,22	10,09	10,09	10,98	12,14
1,6	0,50	5,53	6,13	6,94	7,97	8,83	9,60	12,02	12,02	13,07	14,45
1,9	0,58	6,24	7,12	8,05	9,24	10,24	11,35	14,06	14,03	15,17	16,76
2,»	0,65	7,21	8,10	9,30	10,68	11,83	13,12	16,10	16,10	17,52	19,40
2,3	0,75	8,07	9,20	10,41	11,95	13,55	14,68	18,02	18,02	19,61	21,68
2,6	0,83	8,93	10,18	11,52	13,23	14,66	16,24	19,94	19,61	21,70	23,99
2,9	0,92	9,89	11,29	12,77	14,81	16,25	18,01	22,10	22,11	24,06	26,59
3,»	1,»	10,66	12,27	13,57	15,94	17,66	19,57	24,03	24,03	26,15	28,91
3,3	1,08	11,62	13,25	14,99	17,21	19,08	21,14	25,95	25,95	28,24	31,22
3,6	1,17	12,58	14,36	16,23	18,65	20,67	22,90	28,11	28,11	30,59	33,82
3,9	1,25	13,44	15,34	17,35	19,92	22,98	24,47	30,04	30,01	32,69	36,13
4,»	1,33	14,»	16,32	18,46	21,20	23,49	26,03	31,96	31,96	34,78	38,45
4,3	1,42	15,27	17,43	19,71	22,60	25,08	28,10	34,12	34,12	37,14	41,05
4,6	1,50	16,13	18,38	20,82	23,91	26,50	29,36	36,04	36,04	39,23	43,36

Tableau des comptes faits pour trouver la contenance des futailles ou d'autres objets.

Diamètre moyen des futailles ou des objets.

Longueur ou hauteur des objets		3 pds 6 pes	3,9	4,»	4,3	4,6	4,9	5,»	5,3	5,6	5,9
en pieds et pouces	en mètres et centimèt.	1m,17c	1,25	1,33	1,42	1,50	1,58	1,67	1,75	1,83	1,92
pieds pouces	mètres centim.	hectol. litres	hectol. litres	hectol. litres	hectol. litres	hectol. litres	hectol. litres	hectol. litres	hectol. litres	hectol. litres	hectol. litres
4,9	1,58	16,92	19,45	22,11	24,95	27,98	31,17	34,56	38,10	41,81	45,70
5,»	1,67	17,80	20,45	23,28	26,26	29,45	32,82	36,37	40,10	44,01	48,10
5,3	1,75	18,70	21,47	24,44	27,57	30,92	34,46	38,19	42,11	46,21	50,50
5,6	1,83	19,59	22,49	25,60	28,88	32,39	36,10	40,01	44,12	48,41	52,90
5,9	1,92	20,48	23,51	26,77	30,19	33,86	37,74	41,83	46,13	50,61	55,30
6,»	2,»	21,38	24,54	27,93	31,53	35,33	39,38	43,65	48,12	52,82	57,72
6,3	2,08	22,27	25,60	29,17	32,84	36,83	41,03	45,25	50,15	55,04	60,79
6,6	2,17	23,16	26,59	30,27	34,16	38,28	42,66	47,29	52,16	57,20	62,25
6,9	2,25	24,17	28,05	31,48	35,53	39,84	44,38	48,58	54,25	59,54	65,08
7,»	2,33	24,94	28,63	32,59	36,78	41,22	45,95	50,92	56,13	61,61	67,34
7,3	2,42	25,91	29,16	33,86	38,21	42,85	48,37	52,89	58,35	63,40	69,80
7,6	2,50	26,70	30,67	34,92	39,40	44,16	49,23	54,56	60,16	66,01	72,15
7,9	2,58	27,62	31,76	35,47	40,86	45,05	50,89	56,36	62,28	68,27	74,72
8,»	2,67	28,59	32,71	37,24	42,04	47,08	52,51	58,20	64,15	70,42	76,90
8,3	2,75	29,51	33,85	38,48	43,42	48,69	54,22	60,08	66,25	72,83	79,41
8,6	2,83	30,26	34,77	39,57	44,66	50,06	55,79	61,84	68,17	74,82	81,77
8,9	2,92	31,27	35,94	40,86	46,11	51,71	57,60	63,79	70,41	77,33	84,45
9,»	3,»	32,08	36,81	41,90	47,29	53,03	59,08	65,48	72,18	79,22	86,58
9,3	3,08	32,34	37,91	43,10	48,57	54,53	61,39	67,29	74,27	81,50	89,08
9,6	3,17	33,82	38,85	44,23	49,91	55,96	62,36	69,12	76,19	83,62	91,39
9,9	3,25	34,80	40,01	45,48	51,32	57,55	64,12	71,01	78,43	86,»	94,»
10,»	3,33	35,64	40,89	46,56	52,54	58,92	65,64	72,75	80,20	88,02	96,20

TABLEAU DES COMPTES FAITS

pour trouver la contenance des futailles ou d'autres objets.

Diamètre moyen des futailles ou des objets.

Longueur ou haut. des objets en		6 pds »p	6,3	6,6	6,9	7,»	7,3	7,6	7,9	8,»	8,3	8,6	8,9	9,»	9,3	9,6	9,9	10,»
pieds pouces	mètres centimèt.	2m,0c	2,08	2,17	2,25	2,33	2,42	2,50	2,58	2,67	2,75	2,83	2,92	3,»	3,08	3,17	3,25	3,33
1,»	0,33	10,40	11,21	12,20	13,12	14,06	15,19	16,19	17,25	18,47	19,50	21,74	22,09	23,32	24,57	26,01	27,34	28,74
1,3	0,42	13,23	14,26	15,36	16,69	17,89	19,32	20,60	21,65	23,51	24,82	27,67	28,11	29,68	31,27	32,10	35,10	36,57
1,6	0,50	15,75	16,98	18,44	19,88	21,30	23,01	24,63	26,13	27,98	29,54	32,94	33,47	35,30	37,23	39,41	41,42	43,54
1,9	0,58	18,28	19,70	21,52	23,22	24,71	26,70	28,45	30,33	32,48	33,97	38,21	38,82	40,98	43,18	45,71	54,11	50,51
2,»	0,67	21,11	22,16	24,59	26,82	28,55	30,84	32,87	35,02	37,49	39,59	44,14	44,85	47,33	49,88	52,81	55,51	58,35
2,3	0,75	23,63	24,87	27,76	29,82	31,95	34,22	36,79	39,20	41,97	42,32	46,38	50,20	53,»	55,84	59,11	62,13	65,80
2,6	0,83	26,16	28,19	30,73	33,99	35,69	38,03	40,72	43,28	46,45	49,04	54,68	55,56	55,62	61,79	65,42	68,76	72,28
2,9	0,92	29,05	31,25	33,83	36,57	39,20	39,31	45,13	48,09	51,49	54,36	60,61	61,58	65,01	68,40	72,51	76,22	80,12
3,»	1,»	31,51	33,97	36,88	39,75	42,60	46,03	49,08	52,27	55,66	59,09	65,88	66,94	70,66	74,45	78,82	82,85	87,09
3,3	1,08	34,04	36,68	39,95	42,94	46,01	49,71	52,98	56,45	60,44	63,82	71,14	72,29	76,32	80,71	85,12	88,02	94,06
3,6	1,17	36,87	39,74	43,02	46,51	49,85	53,85	57,40	61,16	64,88	69,13	74,04	78,32	82,68	87,11	92,22	96,93	101,89
3,9	1,25	39,39	42,46	46,08	49,66	53,25	57,47	61,31	65,34	69,96	73,86	79,32	83,67	88,33	90,04	98,52	103,59	108,86
4,»	1,33	41,91	45,48	49,17	53,24	56,66	61,22	65,25	69,52	74,44	78,59	87,62	89,03	93,98	99,02	104,82	110,18	115,83
4,3	1,42	44,75	48,23	52,25	56,45	60,50	65,36	69,67	71,19	79,47	83,91	93,55	95,05	100,34	105,74	112,15	114,61	123,68
4,6	1,50	47,27	50,95	55,30	59,63	63,91	69,04	73,59	78,41	83,97	88,63	98,82	100,41	106,»	111,68	118,22	124,27	130,63

Tableau des comptes faits pour trouver la contenance des futailles ou d'autres objets.

Diamètre moyen des futailles ou des objets.

Longueur ou haut. des objets en		6 pds »p	6,3	6,6	6,9	7,»	7,3	7,6	7,9	8,»	8,3	8,6	8,9	9,»	9,3	9,6	9,9	10,»
pieds pouces	mètres centimèt.	2m,0c	2,08	2,17	2,25	2,33	2,42	2,50	2,58	2,67	2,75	2,83	2,92	3,»	3,08	3,17	3,25	3,33
		hect. lit.																
4,9	1,58	49,76	53,67	58,36	62,82	67,71	72,67	77,72	82,36	88,46	93,81	99,87	105,82	111,62	117,69	124,64	131,97	138,22
5,»	1,67	52,38	56,71	61,47	66,33	71,29	76,81	81,84	87,68	93,12	99,15	105,12	111,88	117,98	124,39	131,24	139,48	145,50
5,3	1,75	55,»	59,43	64,54	69,58	74,86	80,48	85,93	91,22	97,77	104,41	110,39	117,20	123,64	132,88	137,90	146,23	152,77
5,6	1,83	57,62	62,16	67,60	72,76	84,17	84,17	90,09	96,61	102,42	108,66	115,05	122,56	129,20	136,63	144,47	152,85	160,05
5,9	1,92	60,24	65,21	70,78	76,34	81,97	88,32	94,13	100,08	107,»	113,99	120,91	128,59	135,65	143,01	151,06	160,37	167,32
6,»	2,»	62,85	67,94	73,76	79,52	85,45	91,98	98,20	104,25	111,74	118,74	126,14	133,95	141,30	148,93	157,57	167,05	174,40
6,3	2,08	65,51	72,55	76,76	82,70	89,13	95,96	102,31	108,42	117,37	123,49	131,47	139,30	146,95	154,93	164,08	173,73	181,96
6,6	2,17	68,09	73,71	79,90	86,27	92,68	99,80	106,38	113,05	121,04	128,84	136,66	145,33	153,20	161,63	170,71	181,25	189,15
6,9	2,25	70,86	76,42	83,10	89,33	96,42	103,48	110,68	117,29	125,97	133,34	142,22	150,69	158,95	176,16	176,16	187,93	196,83
7,»	2,33	73,33	79,43	86,04	92,64	99,80	107,16	114,56	121,45	130,36	138,34	147,18	156,01	164,98	173,55	183,83	194,90	203,70
7,3	2,42	76,21	82,20	87,38	96,21	103,77	111,30	119,03	126,14	136,12	143,48	153,09	162,08	169,06	180,19	190,90	202,13	211,70
7,6	2,50	78,57	84,94	92,18	99,40	106,92	115,61	122,74	130,»	139,66	148,43	157,67	167,43	176,77	186,20	196,97	208,81	218,25
7,9	2,58	81,22	87,63	98,29	102,51	110,56	118,02	726,91	134,43	154,44	153,18	163,20	170,26	182,26	190,27	200,52	215,49	225,70
8,»	2,67	83,88	90,69	98,62	106,15	114,07	122,80	130,95	139,17	148,99	158,52	163,19	178,82	188,56	198,31	210,10	223,01	232,80
8,3	2,75	86,22	63,41	101,29	109,34	117,85	126,48	135,28	143,24	153,96	163,40	173,82	184,18	193,01	205,47	216,94	229,68	240,63
8,6	2,83	89,05	96,13	104,47	112,51	121,19	130,16	139,13	147,38	159,07	168,17	178,70	189,54	200,34	210,80	223,25	235,74	247,25
8,9	2,92	92,»	99,18	108,22	116,09	121,19	134,30	143,85	152,21	163,67	173,43	184,57	195,56	206,28	217,50	230,22	243,95	254,81
9,»	2,»	94,29	101,90	110,65	119,24	128,31	137,98	147,31	156,33	167,61	178,75	189,60	200,92	212,13	223,09	236,39	250,95	260,90
9,3	3,08	97,»	104,95	114,14	122,46	132,49	141,66	151,50	160,55	174,97	182,87	194,08	207,51	217,58	229,42	242,96	257,25	269,44
9,6	3,17	99,53	107,68	116,78	125,52	135,43	145,80	155,41	165,24	176,91	188,21	199,74	212,31	223,42	236,12	249,30	264,14	276,45
9,9	3,25	102,35	110,39	120,04	129,20	139,28	149,41	159,86	181,95	181,95	192,33	205,31	213,66	228,33	244,95	256,38	271,40	284,78
10,»	3,33	104,76	113,11	122,94	132,40	149,54	153,16	163,48	173,58	186,24	197,71	210,24	223,03	235,71	248,04	262,62	278,14	294,00

PETIT
TRAITÉ ÉLÉMENTAIRE DES TONNELIERS

ou

L'Art de se perfectionner dans la profession de Tonnelier.

Ce petit traité élémentaire est la théorie réduite à la pratique. Dans les fabriques de France, on fait plusieurs sortes de pièces et de tonneaux de vin ou d'autres liquides, plus ou moins larges, selon le merrain ou menues planches de chêne, etc., à la mode du pays ; le tout doit avoir 2 lignes par pouce ou 2 pouces par pied, ou bien, $0^m,005$ millimètres par $0^m,027$ millimètres ou $0^m,054$ millimètres par $0^m,333$ millimètres plus large au bouge qu'au fond : une douve qui a trois pouces et demi de large au bouge, ou bien la douve qui a $0^m,081$ millimètres de large au bout, doit avoir $0^m,094$ millimètres de large au bouge.

Pour fabriquer les petits barils, il faut donner les deux tiers de la longueur pour le diamètre du fond. Si l'on veut fabriquer un baril de cinquante litres bien proportionné, il doit avoir $0^m,333$ millimètres de large de fond, et $0^m,387$ millimètres de largeur de bouge; et $0^m,50$ centimètres de longueur entre les deux fonds. Pour donner la facilité au fabricant, je donne un tableau des vraies proportions ou des dimensions des barils, depuis un litre jusqu'à la capacité de cent litres, et les proportions ou les dimensions du broc, depuis un litre jusqu'à la capacité de quinze litres, et de divers objets calculés avec précision, les mesures des diamètres, des fonds et des mesures à l'intérieur, entre les deux fonds, le fabricant pourra donner telle longueur qu'il voudra du jable à l'extrémité du fût. Le diamètre des fonds, du bouge et de la hauteur des brocs, doivent également être pris à l'intérieur.

— 35 —

Règle générale à suivre, très simple et très facile à opérer, pour apprendre à cuber toutes sortes de fûts ou toutes sortes d'objets liquides, par la valeur de 785 litres par mètre cube en rond cylindrique.

On suppose une, cuve chaudière ou bassin etc., et que l'on mesure les deux diamètres et qu'on les ajoute ensemble, on en prend la moitié, pour avoir le diamètre moyen, il en serait de même si l'on mesurait des tonneaux ou d'autres fûts à bouge ; on en prend la moitié, mais, s'il arrivait dans le fût qu'un fond fut d'une dimension plus large que l'autre, alors, il se trouverait trois diamètres. Dans ce cas on serait obligé de les additionner tous les trois, d'en prendre le tiers pour avoir le diamètre moyen ; ce diamètre moyen étant trouvé, il faut le multiplier par lui-même pour en faire le carré. On suppose que ce soit un diamètre moyen de 2^m, il faut alors dire 2 fois 2 font 4, il faut multiplier ce produit par la longueur ou par la hauteur que l'on suppose 1^m,50 centimètres qui donne 6 mètres cubes pour le second produit, que l'on multiplie ensuite par 785 litres, valeur du mètre cube en rond cylindrique.

Ce troisième produit donne pour résultat 4710 litres ; mais, si l'on veut savoir combien il y a d'hectolitres dans ce nombre, il faut poser une virgule après les deux premiers chiffres à droite, ceux qui sont après la virgule à gauche, expriment les hectolitres et ceux qui sont à droite de la virgule expriment les litres, soit : 47 hect. et 10 litres.

EXEMPLE : *Diamètre moyen d'un objet.*

$$
\begin{array}{r}
2 \\
2 \\
\hline
4 \\
1,50 \\
\hline
6,00
\end{array}
$$

Valeur par le rapport 785

$$
\begin{array}{r}
3000 \\
4800 \\
4200 \\
\hline
4710,00
\end{array}
$$

Le résultat est de 4,710 litres ou 47 hectolitres et 10 litres.

TABLEAU de vraie proportion des Barils depuis 1 jusqu'à la capacité de 100 litres.

Hauteur ou profondeur en pouces	Diamètres des bouges en pouces	Diamètres des fonds en pouces	contenu en litres	Hauteur ou profondeur en centimèt.	Diamètres des bouges en centimèt.	Diamètres des fonds en centimèt.	contenu en litres
6	4	$2^1/_2$	1	$0,16^1/_2$	0,11	$0, 7^1/_2$	1
$6^1/_2$	$4^5/_4$	$3^5/_4$	2	0,18	0,13	0,10	2
8	6	5	4	0,22	$0,16^1/_2$	0,14	4
9	7	$5^5/_4$	6	0,25	0,19	0,16	6
$9^3/_4$	$7^1/_2$	$6^1/_4$	8	0,27	0,21	$0,17^1/_4$	8
$10^1/_2$	$8^1/_2$	$6^1/_4$	10	0,29	0,24	0,20	10
11	9	$7^1/_4$	12	0,31	0,25	0,21	12
12	$9^1/_2$	$7^1/_2$	15	$0,33^1/_5$	$0,26^1/_2$	0,22	15
$13^1/_2$	$10^1/_2$	8	20	0, 8	0,29	0,25	20
14	11	9	25	0,39	0,31	$0,26^1/_2$	25
15	12	$9^1/_2$	30	$0,41^1/_2$	$0,33^1/_2$	$0,27^5/_4$	30
16	$12^1/_2$	10	35	$0,44^1/_2$	0,35	0,29	35
17	13	$10^1/_2$	40	0,47	0,36	$0,30^1/_4$	40
18	14	11	50	0,50	0,39	$0,33^1/_5$	50
$19^1/_2$	$14^1/_2$	12	60	$0,53^1/_2$	0,40	0,35	60
20	$15^1/_4$	$12^1/_2$	70	$0,55^1/_2$	$0,42^1/_2$	0,37	70
21	$16^1/_4$	14	80	$0,57^1/_2$	0,46	0,39	80
$21^1/_2$	17	$14^1/_2$	90	0,60	$0,47^1/_4$	0,40	90
22	$17^5/_4$	$15^1/_4$	100	0,61	0,49	0,42	100

TABLEAU de vraie proportion des Brocs depuis 1 jusqu'à 15 litres, ou deux veltes.

Hauteur ou profondeur en pouces	Diamètres des bouges en pouces	Diamètres des fonds en pouces	contenu en litres	Hauteur ou profondeur en centimèt.	Diamètres des bouges en centimèt.	Diamètres des fonds en centimèt.	contenu en litres
6	7	3	1	0,17	0,14	$0, 8^1/_2$	1
$7^1/_2$	6	4	2	0,21	0,17	0,11	2
10	7	5	4	0,28	0,19	0,14	4
$10^1/_2$	$8^1/_4$	$6^1/_2$	6	0,29	0,23	0,17	6
11	$9^1/_4$	$7^1/_4$	8	0,31	0,26	0,20	8
$12^1/_4$	$9^5/_4$	$7^5/_4$	10	0,34	0,27	$0,21^1/_2$	10
$12^1/_2$	$10^1/_4$	$8^1/_4$	12	0,35	0,29	0,23	12
$13^1/_2$	12	10	15	$0,37^1/_2$	$0,33^1/_3$	0,28	15

Ces trois derniers sont des brocs à soutirer les liquides des futailles.

NOTA. — La bouche du broc doit avoir moitié moins de diamètre que le diamètre du fond.

Voici quatre méthodes simples et faciles à suivre pour apprendre à cuber les bois équarris.

PREMIÈRE MÉTHODE

Pour obtenir le cube d'une pièce de bois bien équarrie, on mesure la longueur totale de la pièce avec le mètre, puis on mesure la largeur de la pièce au milieu ; on fait le carré de la largeur, puis on multiplie le produit par la longueur de la pièce et l'on obtient le cube de la dite pièce.

EXEMPLE :

Soit que l'on veuille savoir le cube d'une pièce de bois bien équarrie de 12^m,90 cent. de longueur, et 0^m,48 cent. de largeur et 0^m,48 cent. d'épaisseur.

OPÉRATION :

```
    0^m,48  centimètres.
    0^m,48
    ─────
     384
     192
    ─────
    0^m,2304
   12^m,90
   ───────
     0000
    28736
     4608
     2304
   ───────
    2,972160
```

Le résultat de la pièce de bois est de 2m,972 décim. 160 cent. cubes.

On a séparé au produit, par une virgule, six chiffres décimaux à droite, parce qu'il y en a six dans les deux nombres de la dernière multiplication. Le nombre qui est à gauche exprime les mètres cubes et celui qui est à droite exprime les décimètres et les centimètres cubes.

DEUXIÈME MÉTHODE.

Les entrepreneurs, les charpentiers et les menuisiers emploient une méthode simple et expéditive pour cuber les bois bien équarris dont un bout est plus large que l'autre bout.

EXEMPLE :

Soit une pièce de bois bien équarrie, de la longueur de 12^m,35 cent. ; la largeur du gros bout est de 0^m,52 cent. ; la largeur du petit bout 0^m,38 cent. Pour faire l'opération on ajoute la largeur du gros bout avec la largeur du petit bout, elles donnent 0^m,90 cent. dont la moitié est de 0^m,45 cent. ; on fait le carré, le produit est de 0^m,2025 décim. carrés, puis on multiplie ce produit par la longueur de la pièce 12^m,35 cent. et l'on obtient le résultat de la dite pièce de bois.

OPÉRATION.

```
        0^m,52
        0^m,38
        ------
        0^m,90
        0^m,45
        0^m,45
        ------
          225
          180
        ------
       0^m,2025
        12^m,35
       --------
         10125
          6075
          4050
          2025
       --------
       2^m,500875
```

Le cube de cette pièce de bois équarrie est de 2^m,500 décim. et 875 cent. cubes. On a séparé six chiffres décimaux à droite, parce qu'il y en a six dans les deux nombres de la multiplication.

TROISIÈME MÉTHODE.

Soit une pièce de bois équarrie dont la largeur de la pièce est plus large que l'épaisseur. On mesure avec le mètre au milieu de la longueur de la pièce de bois ; la largeur est de 0^m,24 cent, l'épaisseur est de 0^m,20 cent. et la longueur 8^m,67 cent. On multiplie la largeur par l'épaisseur qui donne un produit de 0^m,0480 cent. carrés ; puis on multiplie ce produit par la longueur totale de la pièce, et l'on a le résultat demandé.

OPÉRATION :

```
      0^m,24 cent.
      0^m,20 cent
     ─────────────
           00
           48
     ─────────────
      0^m,0480
      8^m,67
     ─────────────
         3360
         2880
         3840
     ─────────────
      0^m,416160
```

Le résultat du cube de la pièce est de 0^m cube 416 décim. et 160 cent. cubes. On a séparé par une virgule six chiffres décimaux à droite parce qu'il y en avait six au produit de la dernière multiplication. Dans le 1er produit de la 1re multiplication, on voit que l'on a quatre chiffres décimaux on a été obligé d'y ajouter un zéro à gauche pour remplacer les dizaines de décimètres carrés, parce qu'on sépare au produit autant de chiffres décimaux qu'il y en a dans les deux nombres de la multiplication ; il y en a quatre, donc on a été obligé d'ajouter un zéro à gauche et l'on a eu au produit 0^m,04 décimètres carrés 80 centimètres carrés.

QUATRIÈME MÉTHODE.

Soit une pièce de bois équarrie, dont l'épaisseur de la pièce est plus large que la largeur. On mesure avec le mètre l'épaisseur du côté du gros bout et l'épaisseur du côté du petit bout, on les additionne ensemble, on en prend la moitié, puis on mesure la largeur du gros bout et la largeur du petit bout, on les additionne ensemble, on en prend la moitié, on multiplie entre elles les deux mesures moyennes obtenues et leur produit par la longueur de la pièce, et l'on a le résultat cherché.

EXEMPLE :

Soit une pièce de bois équarrie dont l'épaisseur du côté du gros bout est de $0^m,40$ cent., du côté du petit bout est de $0^m,36$ cent.; ensuite, la largeur du côté du gros bout $0^m,34$ cent. et la largeur du petit bout, $0^m,30$ cent. et la longueur de la pièce, $10^m,26$.

OPÉRATION.

Les deux épaisseurs $0^m,40$
$0^m,36$

la moitié $0^m,76$
est de $0^m,38$

les deux largeurs $0^m,34$
$0^m,30$

$0^m,64$
la moitié est de $0^m,32$

$0^m,38$
$0^m,32$
———
76
114
———
$0^m,1216$
$10^m,26$ longueur de la pièce.
———
7296
2432
000
1216
———
1,247616

Le résultat de la pièce demandée de 1^m cube 247 décim. 616 cent. cubes.

Voici trois méthodes pour trouver la hauteur des arbres sur plante, ou non abattus.

PREMIÈRE MÉTHODE.

On prend deux baguettes chacune d'une longueur d'un pied ou de $0^m,33$ centimètres.

Pour mesurer la hauteur d'un arbre sur plante, on s'en tient à une certaine distance, mais on se place autour de l'arbre, dans l'endroit où le sol est le plus en plaine ou le plus horizontal. La personne qui mesurera la hauteur de l'arbre se tiendra autant que possible bien droite ou verticale ; d'une main elle tiendra une baguette de 0^m,33 cent. de longueur, placée au bout du nez, d'une manière bien horizontale ; ensuite, de l'autre main, elle tiendra l'autre baguette de la même grandeur que la première, en forme de croix à l'extrémité de la première, mais, placée bien par le milieu, puis elle visera le point à la cime de l'arbre où il doit être coupé, la baguette mise en croix, lui servira d'écran pour cacher entièrement l'arbre, alors la personne qui mesure visera l'arbre depuis le point où il doit être coupé, jusqu'au pied, en avançant ou en reculant par le tâtonnement, jusqu'à ce qu'elle ait trouvé que le tronc de l'arbre soit entièrement caché, depuis la cime, jusqu'au fond sur le sol, puis la personne mesurera avec le mètre depuis la pointe de ses pieds, jusqu'au tronc de l'arbre. Le nombre de mètres et de centimètres qu'elle trouvera sera la hauteur de l'arbre ; supposons que la personne qui mesure, ait trouvé 8^m,65 cent. de distance, l'arbre aura donc, 8^m,65 cent. de hauteur ou de la longueur pour bois de service.

DEUXIÈME MÉTHODE.

Pour trouver la hauteur des arbres sur plante ou non abattus, par le moyen de l'ombre.

Pour mesurer la hauteur d'un arbre sur plante au moyen de l'ombre, on place verticalement sur terre son bâton, dont la hauteur au-dessus du sol, soit exactement d'un mètre. On mesure l'ombre que l'arbre projette sur le terrain.

Soit une projection de 8^m,60 cent. : on mesure aussitôt l'ombre projetée par le bâton, soit une projection de 0^m,80 cent., qui est prise pour unité. Autant de fois 0^m,80, sera contenu dans 8^m,60, autant de mètres de hauteur comptera l'arbre, et, plus des centimètres, en ajoutant deux zéros au restant de la division, après avoir obtenu les mètres.

OPÉRATION :

$$\begin{array}{r|l} 8^m,60 & 80 \\ 60 & \overline{10^m,75} \\ 600 & \\ 400 & \\ 00 & \end{array}$$

La hauteur de l'arbre, est de 10^m,75 cent.

TROISIÈME MÉTHODE.

Pour trouver la hauteur des arbres sur plante, au moyen d'une baguette.

Nous avons des personnes qui ont la pratique et l'œil exercé et assez juste, pour trouver la hauteur d'un arbre sur plante, au moyen d'une baguette de 1^m, ou de 0^m,67 cent. de longueur. Ces personnes, tiennent la baguette entre leurs mains, ensuite se placent à une certaine distance de l'arbre, puis elles visent la cîme de l'arbre où il doit être coupé ; elles baissent la baguette progressivement mètre par mètre, en descendant à vue d'œil jusqu'au pied de l'arbre, cela en le répétant plusieurs fois pour se l'assurer. Puis ces personnes vous diront, cet arbre a tant de mètres de hauteur, ou bien elles vous diront à supposition, cet arbre a 7^m,20 cent. de hauteur, sans faire beaucoup de variations.

L'art de cuber les bois ronds en grume.

Un arbre en grume, c'est celui qui est dépouillé de ses branches, mais, qui est encore revêtu de son écorce et de son aubier. Un acheteur qui achète un arbre en grume, n'entend acheter que le bon bois, non l'écorce et l'aubier, qui ne sont bons qu'à brûler, si l'acheteur payait l'écorce et l'aubier au même prix que le bon bois que contient l'arbre, il le payerait trop cher.

Voici une méthode, souvent employée par des personnes pour cuber les bois ronds en grume, à cause de sa simplicité et de sa facilité dans les calculs des opérations. Cette méthode n'est qu'approximative, en volume, elle est un peu à l'avantage de l'acheteur.

RÈGLE A SUIVRE :

On prend le quart de la circonférence, on en fait le carré ensuite on multiplie le produit par la longueur de la pièce de bois, puis on prend le quart du second produit, que l'on additionne avec le dit produit et l'on a le cube de la pièce ; mais, dans ce cas, l'écorce et l'aubier, sont compris dans le volume du bon bois..

Pour cuber un arbre par cette méthode, on l'entourera au milieu de sa longueur avec un décamètre, vulgairement appelé la chevilière, ou une corde ou une ficelle, qu'on mesurera ensuite avec le mètre, pour avoir la circonférence moyenne ; si le contour fait $0^m,80$ cent., on en prend le quart, ce qui fait $0^m,20$ cent., qu'on multiplie par lui-même, puis par le produit total de l'arbre, si l'arbre a 9^m de longueur, il donnera $0^m,360$ décimètres cubes, mais, dans ce cas là, l'écorce et l'aubier, ne sont pas comptés ; c'est comme si l'arbre était réduit au 5me, mais, si l'on veut que l'écorce et l'aubier soient comptés dans le marché, il faut prendre le quart de $0^m,360$ décimètres cubes et additionner ce quart, qui est de $0^m,090$ décim., avec $0^m,360$ décim. et l'on a pour résultat $0^m,450$ décimètres cubes.

1re opération, où l'écorce et l'aubier, se trouvent déduits.	2me opération, ou l'écorce et l'aubier $0^m,80$ cent. sont comptés.
$0^m,80$	
Le quart 0,20	le quart 0,20
0,20	0,20
0,0400	00
9,00	40
0,3600	0,400
	9,00
Prendre le quart	3600
du produit.	0,0900
	0,4500

Dans la première opération le résultat est de $0^m 360$ décimètres cubes, l'écorce et l'aubier sont déduits dans le volume comme si l'on avait déduit la pièce de bois au cinquième.

Dans la deuxième opération le résultat est de $0^m 450$ décimètres cubes, l'écorce et l'aubier sont comptés dans le volume de la pièce de bois.

Deux méthodes à suivre pour cuber les bois ronds d'après le rapport de Métius, 3,1416 dix millièmes, c'est-à-dire que le rapport de Métius contient 3 fois 1416 dix millièmes de fois le diamètre d'un cylindre ou d'un bois rond. C'est le rapport qui donne le plus de précision pour cuber les bois ronds.

EXEMPLE :

Soit que l'on demande le cube d'une pièce de bois rond en grume dont la circonférence moyenne prise au milieu de la pièce est de 0^{m}80 centimètres et la longueur 9 mètres.

PROBLÈME. — Pour avoir le diamètre de cette circonférence, il faut diviser la circonférence par 3, 1416 ; avant d'opérer, il faut ajouter cinq zéros au dividende pour obtenir des millièmes du diviseur, ce qui nous donne 0^{m}254 millièmes. Pour avoir la surface du cercle, il faut multiplier la circonférence par le diamètre trouvé 0^{m}254 décimètres et diviser le produit par le quart, ensuite multiplier le quotient du diviseur par la longueur de la pièce, et l'on obtient le cube de la pièce demandée.

OPÉRATION :

```
0,8000000 |0,3.1416
 171680    0,254   diamètre moyen.
 146000
  20336    0,80    circonférence.
           ─────
            000
           2032
           ─────
           0,20320  |4
              03    0,05080
              32
              00     9
                    ─────
                    0,45720
```

Le cube de la pièce de bois en grume est de 457 décimètres et 200 centimètres cubes. Pour faire la division de la circonférence 0^{m}80 centimètres par 3, 1416 on a ajouté cinq 00000 à 80 centimètres pour obtenir au quotient 0^{m}254 millièmes pour le diamètre moyen de la pièce.

Après que l'on a eu divisé la circonférence 0^m,80 cent. par le rapport 3,1416 et qu'au quotient on a trouvé 0ᵐ,254 pour le diamètre de la pièce, on peut aussi obtenir le cube de la pièce en multipliant le diamètre trouvé par le quart de la circonférence, qui est 0ᵐ,20 cent., puis multiplier le produit par les 9 mètres de longueur.

EXEMPLE :

$$
\begin{array}{r}
0^m,254 \\
0^m,20 \\
\hline
000 \\
508 \\
\hline
0^m,05080 \\
9^m \\
\hline
0,45720
\end{array}
$$

Le cube de la pièce de bois est de 0ᵐ,457 décim. et 200 cent. cubes. On voit qu'en multipliant le diamètre trouvé par le quart de la circonférence et par la même longueur on obtient le même résultat que l'opération précédente.

Cuber une pièce de bois rond au 5ᵐᵉ ou au 6ᵐᵉ déduit.

Pour cuber les arbres ronds ou 5ᵐᵉ déduit ou au 6ᵐᵉ, souvent pour les mesurer ils sont en grume, ils sont alors revêtus de leur écorce et de leur aubier, qu'on ne peut enlever qu'avec difficulté, dans ce cas on est obligé de les cuber sur leur écorce et sur leur aubier, en déduisant le 1/5ᵐᵉ ou le 1/6ᵐᵉ de la longueur de la circonférence prise au milieu de l'arbre, selon le marché convenu entre l'acheteur et le vendeur. Un arbre de 8ᵐ,12 cent. de longueur et la circonférence moyenne prise au milieu sur l'écorce étant, 0ᵐ,90 cent., après qu'on lui aura déduit le 5ᵐᵉ de sa circonférence qui est 0ᵐ,18 cent., il lui restera 0ᵐ,72 cent. pour circonférence moyenne ; si au contraire, l'arbre était vendu au 6ᵐᵉ déduit, on déduirait le 6ᵐᵉ de la circonférence pour avoir la circonférence moyenne, cela c'est selon les conventions faites du marché, entre les particuliers, comme je l'ai déjà dit ci-dessus.

— 46 —

EXEMPLE AU 5ᵐᵉ DÉDUIT

```
            0ᵐ,90
Le 1/5ᵐᵉ    18
         ─────────
         0ᵐ,720000  |3,1416
           091680   0ᵐ,229 le diamètre
           288480     72 la circonférence
                   ─────────
                      458
                     1603
                   ─────────
                    0,16488
```

```
0ᵐ,16488  |4
   16      0ᵐ,04122
    4
    8
    8           8ᵐ,12
             ─────────
              08244
              04122
              32976
             ─────────
             0ᵐ,3347064
```

Le résultat du cube de l'arbre réduit au 5ᵐᵉ déduit est de 0ᵐ,334 décim. 706 cent. cubes.

OPÉRATION :

En multipliant le diamètre trouvé 0ᵐ,229 par le quart de la circonférence qui est de 0ᵐ,18 cent. puis le produit par la longueur 8ᵐ,12 cent. on trouve le même volume de l'arbre que l'exemple précédent.

EXEMPLE :

```
    0ᵐ,229
    0ᵐ,18
  ─────────
    1832
     229
  ─────────
    04122
    8ᵐ,12
  ─────────
    08244
    04122
    32976
  ─────────
   0ᵐ,3347064
```

Le cube de l'arbre est de 0ᵐ,334 déc. 706 cent. cubes.

— 47 —

Autre méthode pour cuber les arbres en grume en déduisant l'écorce et l'aubier, dont la méthode revient au même à 1/5e réduit et non déduit. Pour cela il faut connaître les deux circonférences de l'arbre, au bout de ses deux extrémités.

On mesure à l'aide d'un décamètre ou avec une ficelle les circonférences des deux extrémités, on en fait la somme que l'on divise par 10, on multiplie ce dixième qui est venu au quotient, par lui-même, et l'on multiplie le produit par la longueur de l'arbre et l'on a le cube de l'arbre.

Cette méthode est employée par le génie militaire, il n'achète réellement que le bon bois, mais aussi on lui vend plus cher.

EXEMPLE :

Soit une pièce de bois rond de $6^m,40$ cent. de longueur,
la circonférence du gros bout est de $1^m,60$ cent.
la circonférence du petit bout est de $0^m,60$ cent.
Le total de. . . $\overline{2^m,20}$

dont le dixième est de $0^m,22$ cent. Ce nombre élevé au carré, on le multiplie par lui-même, donne un produit de $0^m,0484$; on multiplie ce carré ou ce produit par la longueur de la pièce de bois $6^m,40$, le résultat du volume de la pièce est de $0^m,309$ décim. 760 cent. cubes.

```
          OPÉRATION :
          1m,60
          0m,60
          ─────
          2m,20 | 10
             20   0,22
                  0,22
                  ────
                    44
                   44
                  ─────
          0m,0484
          6m,40
          ─────
           0000
           1936
          2904
          ─────
          0m,309760
```

— 48 —

Il est tout clair à voir que si l'on vend que le bon bois, toisé d'après cette méthode, on doit le vendre plus cher comme il est dit ci-dessus.

Trouver le plus grand équarrissage d'un arbre rond abattu.

Règle générale à suivre. On mesure la circonférence au milieu de la longueur de l'arbre, ensuite on divise la circonférence par le rapport de Métius, 3,1416 dix-millièmes, en ajoutant cinq zéros au dividende, afin d'obtenir des millièmes au quotient du diviseur qui sera le diamètre moyen. Le diamètre moyen étant trouvé, on multiplie ce diamètre par lui-même, du produit on en prend la moitié, on extrait la racine carrée de cette moitié, on obtient le plus grand carré que peut donner l'arbre équarri à vives arêtes.

EXEMPLE :

Soit un arbre qui aurait 9 mètres de longueur ; mesuré au milieu, à 4^m,50 cent. de distance des bouts, donne 0^m,90 cent. de circonférence moyenne, on veut savoir le plus grand équarrissage qu'on peut tirer de cet arbre.

OPÉRATION :

```
0m,9000000 | 3,1416
   271680    0m,286 le diamètre
   203520
    15024    0m,286
             0m,286
             ─────
             1716
             2488
              572
             ─────
             0m,083796
La moitié   0m,041898  | 0m,204
               018         404
              1898           4
               282
```

L'équarrissage donné par la racine carrée ci-dessus est de 0^m,204 millièmes ou 0^m,20 cent. et 4 millim. de largeur pour la pièce de bois.

— 49 —

Trouver la plus forte pièce de bois qu'on puisse tirer d'un arbre rond dont l'éxtrémité du bout d'en bas est plus grande que celle d'en haut.

Règle générale à suivre : On mesure la circonférence du milieu de la longueur de l'arbre, on divise la circonférence par le rapport de Métius 3,1416 dix-millièmes en ajoutant cinq zéros au dividende, afin d'obtenir des millièmes au quotient du diviseur, qui sera le diamètre moyen. Le diamètre moyen étant trouvé on multiplie ce diamètre par lui-même, on en prend le tiers du produit, on en extrait la racine carrée, la racine carrée de ce tiers sera la largeur du plus petit côté de la pièce de bois. Ensuite on prendra deux fois le tiers du carré ou du produit que l'on a déjà trouvé pour le petit bout de la pièce, on les additionne ensemble, de la somme on extrait la racine carrée, on obtient le plus large côté de la pièce de bois.

EXEMPLE :

Soit un arbre rond qui aurait 9^m,66 cent. de longueur ; mesuré au milieu de la longueur à 4^m,83 cent. donne une circonférence de 0^m,92 cent. : on veut savoir la plus forte pièce que l'on puisse tirer de cet arbre rond dont l'extrémité du bout d'en bas est plus grosse que celle d'en haut.

OPÉRATION POUR LE PETIT BOUT :

```
    0m,9200000 | 3,1416
       291680   0m,292
       089360
        26528      292
                   584
                  2628
                   584
              ──────────
              0m,085264  | 168 millim.
              0m,028421    26 | 32
                     184    6    8
                    2821
                     197
```

— 50 —

Le résultat de la pièce de bois ci-dessus pour l'extrémité du petit bout est $0^m,168$ millièmes ou $0^m,16$ cent. 8 millim. de largeur.

Pour opérer le gros bout on prend le même produit ou carré que l'on a trouvé pour le petit bout.

OPÉRATION POUR LE GROS BOUT :

$0^m,085264$
1ᵉʳ tiers $0^m,028421$
2ᵐᵉ tiers $0^m,028421$
―――――――
$0^m,056842$ | 238 millim.
168   43 | 468
3942   3   8
198

Le résultat de la pièce du côté du gros bout est de $0^m,238$ millimètres ou $0^m,23$ cent. 8 millim. de largeur.

Je suppose que l'on veuille savoir le cube de cette pièce et combien elle doit coûter en sachant qu'on la paie 60 fr. le mètre cube ou le stère. Je mesure la pièce au milieu à $4^m,83$ cent. de distance des bouts, je trouve pour circonférence moyenne $0^m,20$ cent. 3 millim. dont j'en fais le carré, puis je multiplie le produit par la longueur de la pièce de bois et j'obtiens le résultat.

OPÉRATION :

Largeur moyenne $0^m,203$
$0^m,203$
―――――
609
000
406
Le carré $0^m,041209$
La longueur $9^m,66$
―――――
247254
247254
370881
―――――
$0^m,39807894$

Le résultat du cube de la pièce est de 0^m, cube 398 décimètres et 078 cent. cubes ; on a séparé par une virgule huit chiffres à droite parce qu'il y en avait huit dans les deux nombres de la dernière multiplication.

A 60 fr. le mètre cube.

OPÉRATION ;

0^m,398078
60
───────
000000
2388468
───────
23,884680

Le résultat de la pièce de bois est de 23 fr. 88 cent.

Méthode générale à suivre si l'on veut calculer le bois de service que peut donner un certain nombre d'arbres qu'on achète soit le long d'un rivage, soit dans un bois taillis ou soit dans une forêt.

Pour cela, on prend la mesure pour chaque arbre en particulier, soit pour la mesure d'un arbre pour chaque catégorie de taille et, de hauteur à vue d'œil, ou par les procédés que nous avons déjà indiqués précédemment dans cet ouvrage, on mesure la circonférence des arbres à leur pied, puis on mesure de nouveau la circonférence des arbres à la hauteur d'un mètre juste, on voit le décroissement de la première circonférence sur la seconde ; je suppose que ce soit un arbre de 8 mètres de long, la mesure prise de la première circonférence à 0^m,10 au-dessus du sol est de 0^m,70 cent. Puis la mesure prise de la seconde circonférence, à la hauteur d'un mètre, est de 0^m,685 millim. On voit que le décroissement est d'un centimètre et demi par mètre, donc les 8 mètres de long de l'arbre produiront un décroissement de 0^m,12 cent. à déduire sur la mesure de la première circonférence, il reste 0^m,58 cent. pour la seconde circonférence de la cîme de l'arbre où l'on veut le couper.

Voici une méthode prompte, simple, facile et expéditive, souvent employée dans la pratique sur les lieux, écorce et l'aubier à peu près déduits, mais, qui n'est qu'approximative pour cuber les arbres en grume.

EXEMPLE :

Ayant trouvé, comme ci-dessus, la circonférence de l'arbre en bas et en haut, je les additionne ensemble ; de la somme je prends la moitié pour avoir le diamètre moyen, de ce diamètre je prends le quart, j'en fais le carré ; j'en multiplie le produit par la longueur et j'obtiens le résultat.

OPÉRATION :

$$0^m,70 \text{ cent.}$$
$$0^m,58$$
La moitié de $1^m,28$
est $0^m,64$ la circonférence moyenne.
le quart $0^m,16$
$0^m,16$
96
16
$0^m,0256$
long. 8^m
$0^m,2048$

Le cube est de $0^m,204$ décim. 800 cent. cubes.

Procédé à suivre par catégories.

Si l'on a un grand nombre d'arbres à cuber, on procède par catégories de même taille comme nous l'avons déjà dit ci-devant, en mesurant un arbre pour chaque catégorie de même grosseur et hauteur ; ayant trouvé le cube d'un arbre d'une catégorie, on multiplie ce cube par le nombre d'arbres de la même catégorie, et l'on additionne ensemble toutes les catégories pour savoir combien le tout peut produire de bois.

Quand on veut vendre ou acheter des arbres sur plante, soit le long d'un rivage, soit dans un bois taillis, soit dans une forêt, étant arrivé sur les lieux, on doit examiner et choisir de suite les hauteurs et les circonférences des arbres, pour les classer par catégories ; une fois qu'on a classé les arbres aux catégories qu'ils appartiennent à rang de taille, on doit être muni à sa disposition d'un carnet et d'un crayon pour calculer les opérations promptement sur les lieux, afin de se rendre compte du cubage de bois de toutes les catégories.

EXEMPLE :

Je suppose qu'on vende 17 chênes dans une forêt ; après les avoir examinés et choisis à rang de taille, je trouve 4 chênes pour la première catégorie, 6 pour la deuxième catégorie et 7 pour la troisième catégorie. Je cube un arbre en particulier de chaque catégorie.

1re CATÉGORIE	2e CATÉGORIE	3e CATÉGORIE
Hauteur 8m,50	Hauteur 7m,20	Hauteur 6m,60
Circonférence 0m,90	Circonférence 0m,80	Circonférence 0m,60

OPÉRATIONS :

Circonférence 0m,90	Circonférence 0m,80	Circonférence 0m,60
le quart 0m,225	le quart 0m,20	le quart 0m,15
225	20	15
1125	00	75
450	40	15
450	0m,0400	0m,0325
0m,050625	haut. 7m,20	haut. 6m,60
haut. 8m,50	0000	0000
000000	0800	1950
253125	2800	1950
405000	0m,288000	0m,214500
0m,53031250		

Résultat de l'arbre de la 1re catégorie.
1re catégc. 0m,530 décim. 312 cent. 500 millim. cubes
 4 chênes × 0m,530312500 = 2m,212500

Résultat de l'arbre de la 2me catégorie.
2me catége. 0m,288 décim. 6 chênes × 0m288 = 1m,728 déc.

Résultat de l'arbre de la 3me catégorie.
3me catég^e. 0^m,214 décim. 500 cent. cubes.

$$7 \text{ chênes} \times 0^m,214500 = 1^m,501500$$
$$\text{Total}\ldots\ldots 5^m,442000$$

Les trois catégories donnent un résultat de 5 mètres cubes 442 décimètres cubes.

A 65 fr. le mètre cube : 65 × 5^m,442 décim.= 353 fr. 73 c.

Par cette méthode prompte et facile à opérer l'écorce et l'aubier se trouvent déduits, comme on si on opérait au cinquième déduit, la différence n'est pas grande, mais elle est un peu à l'avantage de l'acheteur.

On agira avec la même méthode si l'on vend un certain nombre de frênes, de peupliers, de hêtres ou fayards, de sapins, de mélèzes, de pins, de noyers, de chataigners et des pommiers, etc., etc.

La pesanteur spécifique des principaux arbres verts.

Le décimètre cube est l'unité de poids pour les arbres verts.

Le poids spécifique des arbres les plus importants a été déterminés avec une grande précision. Voici le tableau de ceux qu'il est utile de connaître, quelques-uns ne sont qu'approximatifs, mais leur degré d'approximation est suffisant pour la pratique.

L'aune ou le verne	0 kg. 800 g.	Peuplier ordin^{re}	0 kg. 383 gr.
Cerisier	0, » 715	Pin	0, » 671
Chataignier	0, » 671	Poirier	0, » 661
Chêne	1, » 170	Pommier	0, » 793
Frêne	0, » 845	Prunier	0, » 785
Hêtre ou fayard	0, » 852	Sapin	0, » 660
Mélèze	0, » 660	Saule	0, » 685
Noyer	0, » 671	Tilleul	0, » 604
Peuplier blanc	0, » 529	Orme	0, » 660

Manière de déterminer le poids d'un arbre vert.

Il est souvent utile de savoir ce que pèse un arbre vert, afin de ne pas s'exposer à briser sa voiture ou son char, et à forcer ses animaux : on ne peut savoir cela qu'en comparant le cube de l'arbre avec le poids d'un décimètre cube de cette qualité de bois : c'est ce que l'on peut faire, au moyen du tableau ci-desus qui donne très-approximativement le poids d'un décimètre cube de bois vert. Pour trouver le poids d'un arbre au moyen du tableau donné, il faut multiplier le cube de l'arbre dont on veut savoir le poids, par le poids du décimètre cube, tel qu'il est au tableau, et le produit donne le poids très-approximativement. Ainsi le sapin qui cuberait 3 mètres cubes 630 décimètres cubes, pèserait 2417 kilos 800 grammes ou 24 quintaux métriques, 17 kilos et 800 grammes.

OPÉRATION :

$3^m,630$ décim.
0 k. 660
───────
0000
21980
21680
───────
$2417,800$

On a séparé trois chiffres à droite par une virgule, afin de séparer les kilos d'avec les grammes parce qu'on en sépare toujours trois à droite pour séparer les grammes d'avec les kilos à gauche.

BAROMÈTRE DE LA NATURE SI CONNU DES EXPERTS CULTIVATEURS.

IL PLEUVRA : Si la tête du chardon béni resserre ses nombreuses écailles ;

Si les feuilles des trèfles et des bettes se flétrissent par la chaleur ;

Si les vers de terre, sortent en abondance ;

Si les oiseaux de la basse-cour, les perdrix et les moineaux, s'abattent dans la poussière.

Si les poules volent sur les palissades ou les clôtures le matin et s'y reposent dessus, on aura de la pluie avant la nuit ;

Si les abeilles sortent peu de leur ruche ;

Si les nuages pommellent beaucoup le matin en formant de grandes bandes ou des guirlandes de nuages blancs dans le ciel ;

Si le pivert crie et vole par moment à une certaine distance d'un côté et d'autre sur les arbres.

ON PEUT COMPTER SUR LE BEAU TEMPS : Si la tourterelle roucoule lentement.

Si la rose de Jaricho, contracte et pelotonne ses branches ;

Si les corbeaux croassent le matin ;

Si les petits moucherons volent et se rassemblent autour des haies sur le soir et qu'ils ne fassent pas la scie, ils signifient le beau temps, mais, s'ils font la scie, ils nous annoncent la pluie ;

Si le soleil se lève au beau, on aura le beau temps pendant la journée ; et s'il se couche au beau, on aura beau temps le lendemain.

VARIATION ENCORE DU TEMPS D'APRÈS LA NATURE.

Si les poules caquettent dans la journée elles nous annoncent de proche des orages, des vents du nord ou des bises, mais, si elles font des cris, qui imitent celui du coq, changement de temps bientôt en orage ou en pluie ;

Si les moineaux dans des journées de la saison d'automne, se rassemblent en grand nombre sur les arbres ou dans les bois et qu'ils crient et fassent un grand ramage tous ensemble, ils nous annoncent du froid, pour le lendemain ou pour le surlendemain ;

Si vous voyez faire des trombes d'air ou des tourbillons d'orage dans la journée avant onze heures du matin, il y aura changement de temps avant trois jours et il pleuvra ; mais si ces trombes d'air ou tourbillons d'orage se font après-midi il y aura bientôt de la pluie, peut-être avant que le restant de la journée ne soit passé ;

Si l'on voit de grandes bandes rouges vives ou pâles, en formant des guirlandes dans les nuages du côté du soir après le soleil couché, elles nous annoncent de l'orage ou de la pluie pour le lendemain ;

Si du côté du matin, après l'aurore, vous voyez de grandes bandes ou des guirlandes, des nuages rouges et même après soleil levé, on aura de la pluie, avant que la journée soit passée ;

Si du côté de l'Orient, on voit les chaînes des Alpes, du Bugey et du Jura découvertes de nuages pendant la journée, bientôt sous peu, on aura la pluie peut-être avant trois jours ;

Si dans les jours de grandes chaleurs, vous entendez en l'air, le bourdonnement des moucherons sans les voir, vous aurez sous peu, changement de temps et de la pluie ;

Quand vous verrez les lis en fleurs, trois mois après, les vendanges se feront ;

Quand vous verrez les genêts en fleurs, trois mois après les moissons se feront.

NOTICE DU PÈRE BENOIT, SUR LA VARIATION DU TEMPS AU MOIS DE JUIN

A l'occasion de la fête de saint Médard, le 8 juin, la sagesse des nations dit :

> Du jour de la saint Médard en juin,
> Laboureur remarque avec soin :
> Les anciens disent que s'il pleut,
> Quarantes jour durant il pleut ;
> Et s'il fait beau, on est certain,
> D'avoir grande abondance en grain.

La fête de saint Médard, précède de quelques jours le solstice d'été, point auquel le soleil est arrivé au plus grand éloignement de l'équateur. Une semaine avant ou après ce solstice, le soleil est presque stationnaire, c'est-à-dire qu'il ne varie pas sensiblement de hauteur et verse chaque jour la même quantité de chaleur sur la terre ; on peut donc supposer avec probabilité, qu'à cette époque de l'année, les jours se suivent et se ressemblent tous. Ce que peut indiquer la saint Médard, qui arrive au milieu du temps, dont la nature est la stabilité S'il fait beau, on peut croire que le temps est au beau fixe ; tandis que s'il pleut, il est à craindre que le temps ne soit fixé à la pluie constante.

On voit ici d'après les descriptions données par le père Benoit, en 1873, dans son almanach le double-milan, que c'est de là que l'on peut croire que les anciens cultivateurs et horticulteurs, de leur temps, ont dû voir, apprécier et remarquer, en nous laissant, ce proverbe ou cette tradition qui se dit depuis un temps immémorial : s'il pleut en juin, l'un des jours des fêtes de saint Médard ou de saint Barnabé, qui arrivent le 8 ou le 9 du mois et qu'il pleuve aussi le jour de la fête de saint Gervais, qui se trouve le onzième jours après, il pleuvra durant quarante jours, mais s'il fait beau temps le jour de la fête de saint Gervais, la pluie ne continuera pas sa quarantaine, parce que le temps se fixera au beau. Dans la province lyonnaise, nous avons eu pour exemple, l'année 1876 : la dernière semaine du mois de mai et le commencement de juin jusqu'au 7, fut un temps de chaleur et très chaud ; ensuite, il pleut les jours de fête de saint Médard et de saint Barnabé constamment pendant cinq jours de suite, puis les pluies continuèrent à tomber tous les jours peu ou beaucoup, jusqu'au 18 juin, mais le 19 juin, jour de la fête de saint Gervais il fit beau temps. Alors le temps commença à se fixer un peu au beau, il ne pleuvait à peine plus que les deux ou trois jours jusqu'au 8 juillet ; il ne plut que 30 jours et non une quarantaine. Il vint ensuite de grandes chaleurs excessives, où il fit un temps de sécheresse jusqu'au 14 août, époque où la nature reprit son état normal ; c'est-à-dire il venait quelques jours de beau temps, puis il tombait un peu de pluie quelques jours après, et cela, pendant les vendanges, où il se fit en général, une récolte de très bon vin et assez abondante pour l'année 1876. Il y eut aussi assez du blé et du fourrage.

M. ARAGO TRAITE, DANS UNE DE SES LEÇONS D'ASTRONOMIE DE L'INFLUENCE QUE LA LUNE ROUSSE EXERCE SUR LA VÉGÉTATION.

L'incrédulité, dit-il, d'un certain nombre de monde a attaché à la lumière de la lune, une grande influence, sur certaines plantes du produit de l'agriculture et la lune rousse jouit encore, dans nos campagnes, d'une triste célébrité : c'est elle dit-on qui gèle les bourgeons et les jeunes tiges tendres des plantes ; laquelle exerce sur toute la végétation qui commence à pousser, une facheuse influence. Il est facile de disculper la lune de ses méfaits qu'on lui attribue, dont elle est bien innocente. Il faut tout dire, elle n'a pas plus d'influence sur la végétation que les autres lunes, mais, elle arrive à une époque où les bourgeons et les jeunes tiges tendres commencent à pousser, après l'équinoxe du printemps, le 21 mars. La terre, étant encore froide et fraîche et les nuits humides, attirent les fraîcheurs de la terre.

Qu'est-ce en effet que la lune rousse ? C'est celle qui commence en avril, et finit en mai, c'est-à-dire, qu'elle arrive en une saison de l'année où la température n'est souvent que de 4, 5 et 6 degrés de chaleur au-dessus de zéro du thermomètre. Or on sait que les plantes perdent la nuit, par voie de rayonnement, une partie du calorique qu'elles ont reçu pendant le jour et cette expérience que cette déperdition peut aller en retombant à 7 et 8 degrés, lorsque le temps est serein, c'est-à-dire, lorsqu'il n'y a pas des nuages pour neutraliser ce rayonnement ; car les nuages rayonnent de leur côté vers la terre, et font en outre l'écran qui arrête le calorique et l'empêche de s'échapper vers les hautes régions de l'atmosphère. Nous avons aussi le vent du midi, quand il veut entrer dans un temps clair pendant la nuit, surtout le matin avant le soleil levé, il se met en contact avec le vent du nord qui souffle déjà. Ces deux orages en se combattant, font déposer une rosée contenue dans l'atmosphère, sur les bourgeons et les brins des jeunes tiges tendres des plantes, qui forment une gelée de glace ; la température des plantes, n'étant que de 4 ou 5 degrés au-dessus de zéro pendant le jour, pourra tomber aussi par l'effet du rayonnement à plusieurs degrés au-dessous de zéro, alors ces plantes tendres gèlent. Mais, comme grand rayonnement n'aura lieu que lorsque le ciel sera découvert et que l'on verra la lumière de la lune, on attribuera à l'influence de cet astre, ce qui n'est qu'un effet régulier des variations de la température, et comme si tout devait concourir à entretenir cette erreur, on s'y conformera par le succès des précautions qu'on aura cru prendre contre la lune, et qu'on aura prise réellement, contre les effets du rayonnement. Aussi les jardiniers, pour garantir dans le cas dont nous parlons, les tendres bourgeons et les brins des plantes, des rayons de la lune rousse, mettent de la paille ou des paillassons, ou d'autres objets qui forment écran, empêchent comme tout à l'heure les nuages, le rayonnement du froid de s'opérer ; ils préservent ainsi les plantes de la gelée.

Je vous dirai que jusqu'à ce jour, il n'est survenu aucune observation physique, agricole ni horticole, prouvant que la lune ait quelque action sur la germination des semis et des plantes. Le cultivateur intelligent, qui a du bon sens, du jugement et de la raison, consultera donc les chances des pluies pour ses semis ou ses plantations, sans perdre un temps précieux à attendre si c'est telle ou telle phase de la lune. Voyez les bons jardiniers, autour de villes, ils ne font pas attention si c'est la nouvelle ou la vieille lune, ils sèment et ils plantent leurs jardinages, quand leurs terrains sont en état et que le temps est propice, c'est-à-dire par un beau temps ; mieux vaut regarder le soleil que la lune, et que la terre soit bien meuble et bien friable, et surtout choisir des bonnes semences et de bons types dans les plantes à variétés nombreuses.

PRÉCAUTIONS À PRENDRE POUR SE PRÉSERVER DU TONNERRE OU DE LA FOUDRE

1° Quand le temps est orageux pendant qu'on voyage, il faut calculer l'éloignement du tonnerre ; avant de quitter le gîte, on doit estimer si le nuage électrique est proche, quand le bruit du tonnerre suit immédiatement l'éclair qui est à 346 mètres de distance, quand on peut compter une seconde de temps, ou un battement de pouls qui est au-dessous de la main, entre l'éclair et le bruit, si on en compte deux, le nuage est à 692 mètres, il est à 1384 mètres si vous en comptez quatre, etc.

2° Quand on se trouve en route, soit à cheval ou en voiture pendant qu'il fait un orage accompagné d'éclairs et de tonnerres, on ne doit pas galoper, mais plutôt s'arrêter, par la crainte que le courant d'air qui s'établit quand on marche avec vitesse, ne détermine la nuée à s'ouvrir et la foudre à tomber sur vous.

3° On évitera de choisir un abri sous les arbres, quand il fait des éclairs et qu'il tonne, parce que la foudre y tombe de préférence.

4° Dans les maisons, quand il fait des éclairs et qu'il tonne, on doit éviter les courants d'air et fermer avec soin, les portes et croisées, aussi les trous des gaînes et ceux des cheminées par en bas, avec une planche ou par d'autres objets.

On ne saurait croire combien de personnes ont été tuées au moment ou elles ouvraient les croisées et les portes pour regarder le temps. A la vérité, la foudre a souvent brisé les carreaux de vitres et pénétré; dans les appartements mais il n'est pas moins vrai qu'on l'attire, lorsqu'on ouvre un courant à l'air, parce que les vents poussent les nuages avec vitesse, qui sont des amas de vapeur, leur font faire des chocs et des frottements entr'eux, qui déterminent l'explosion de l'électricité dont ils sont chargés, et la décharge de la foudre suit la voie du nuage qui lui est ouverte.

On évitera ce courant en se plaçant non point à l'opposé, mais à côté, dans une direction latérale à la ligne droite qu'il suit.

On a encore la facheuse habitude dans quelques communes de la campagne, de chercher à détourner l'orage qui se forme au-dessus ou près du village, en mettant les cloches en branle ; mais il arrive précisément tout le contraire de ce qu'on espère obtenir. Les clochers forment eux-mêmes des pointes qui attirent la foudre naturellement et l'ébranlement de l'air produit par le son des cloches, est un moyen presque assuré de crever la nuée qui est sur le clocher et parconséquent, faire tomber la foudre le long des cordes, sur la tête du sonneur et dans l'église. On lit dans les mémoires de l'Académie des sciences, qu'un jour d'avril, à 4 heures du matin, le tonnerre tomba dans la Basse-Bretagne, sur vingt-quatre églises où l'on sonnait uniquement pour écarter l'orage, tandis que les églises voisines où on ne sonnait pas, furent épargnées. Le 11 juillet 1819, pendant qu'on sonnait les cloches dans le village de Chateau-Vieux, à l'occasion d'une cérémonie religieuse, un orage survient et trois coups de foudre ayant éclaté sur l'église, neuf personnes furent tuées, quatre-vingt-deux, plus ou moins blessées. Enfin, on a calculé que dans l'espace de trente-trois ans, la foudre est tombée sur trois cent quatre-vingt-six clochers et qu'elle a tué centtrois sonneurs.

Des accidents aussi terribles et des exemples qui se renouvellent presque chaque année sur divers points de la France, ne sont pas assez connus, il faut instruire les habitants des campagnes, afin de bien convaincre ceux qui auraient encore confiance au son des cloches, qu'au lieu d'éloigner, par ce moyen les dangers qui les menacent, ils les attirent sur leur tête. Mais c'est aux maires des communes, qu'il appartient de s'opposer à cette pratique, jusqu'à ce que les préjugés supersticieux qu'on y attache, soient détruits.

LE TONNERRE, SA COMPOSITION ET LES MOYENS A PRENDRE POUR SE GARANTIR DE LA FOUDRE.

Le tonnerre est le bruit éclatant fait subito après l'éclair. La foudre est le feu du ciel, elle n'est autre chose que l'effet d'une explosion, d'une décharge d'électricité accumulée dans les nuages chargés de pluie ; les nuages se mettent en contact, ils se choquent avec vitesse, poussés par des orages dominants, l'éclair qui précède le tonnerre est le feu ou la lumière vive, produite par l'explosion de la décharge d'électricité qui forme la foudre.

Ce fut le savant Franklin, des Etats-Unis de l'Amérique, qui trouva le moyen de préserver les édifices de la foudre, par le paratonnerre qu'il inventa. Le paratonnerre, est une verge de fer, terminée par une pointe de platine, métal qui ne s'altère jamais sous les influences atmosphériques.

Le paratonnerre communique avec un puits au moyen d'une corde métallique, formée de fils de fer graissés, enduits d'un vernis gras, la corde s'attache à une barre de fer, dont une extrémité plonge dans l'eau du puits. La foudre si elle vient à tomber sur l'édifice où sera placé le paratonnerre, sera attirée par la pointe aimantée de la tige de fer, plantée verticalement en pointe au-dessus de l'édifice. La foudre suit la tige de fer, qui est un bon conducteur de l'électricité, puis elle se perd dans l'eau du puits.

Quand on se trouve dans une maison et qu'on a peur de la foudre, on peut s'en garantir, en mettant de la soie autour de soi, ou en s'y plaçant dessus. Je vous dirai que la soie n'a point de l'électricité, elle n'attire pas la foudre. Si par hasard, on est au lit, pendant la nuit, il faut avoir soin de mettre sur son lit, une couverture de bourre de soie, ou un tablier, ou une robe de soie étendue, etc., si l'on veut être préservé ; il faut aussi s'éloigner des portes, des fenêtres, des murailles et des objets métalliques, qui sont de bons conducteurs de la foudre électrique.

Une personne de la commune de Chaponost (Rhône) me raconta un fait de la foudre. Elle me dit, il y a à peu près 18 à 20 ans, du moment où j'ai écrit que cet événement s'est passé, que le tonnerre tomba sur une maison de la commune ; la foudre parcourut la cuisine, brisa une partie du mobilier, la maîtresse étant à coudre à côté de sa garde-robe, elle ne fut pas frappée de la foudre, elle fut garantie ; on attribua le fait de suite à la robe de soie qu'elle avait à côté d'elle dans sa garde-robe dont les portes étaient ouvertes. M. le Curé de la paroisse vint aussi voir, pour savoir comment cet événement s'était passé ; à son approche, voyant la robe de soie dans le garde-robe, il confirma aussi que c'était la robe de soie de la maîtresse qui l'avait préservée.

Autre fait qui s'est passé à Craponne (Rhône) au hameau de Rabatte. En 1841, le 14 octobre, deux heures après minuit, la foudre par un mauvais temps qu'il faisait, tomba dans la cuisine de Dumond Fleury. Le mari et la femme étaient au lit, la foudre brisa l'horloge elle le fit aussi tomber, elle parcourut dans la cuisine, brisa différents mobiliers, elle perça le plancher au-dessus du lit, elle passa ensuite par un trou d'un mur mitoyen, elle alla tuer une vache dans l'écurie du fermier Antoine Chazotier. On fut étonné que Dumond et sa femme, fussent sans blessure. M. le curé de la paroisse vint voir, il dit aux personnes qui étaient présentes, que la couverture d'indienne, garnie autour des franges de limoge rouge, les avait garantis. Il est reconnu que le coton n'a pas beaucoup d'électricité ou du moins, il est mauvais conducteur électrique.

ANECDOTE SUR LE FEU FOLLET.

Le feu follet est le résultat des exhalaisons enflammées sorties de la terre que l'on voit dans les champs et dans les cimetières ; il est formé par la putréfaction des os dans la terre; c'est du phosphore qui se produit des exhalaisons, quand la chaleur sort de la terre, à la fin des mois de la saison d'automne. Il est reconnu qu'une étincelle de phosphore est plus légère que l'air et que l'on peut l'entraîner avec soi, en marchant. Il est prouvé en physique, qu'une personne en marchant, ébranle les couches d'air et qu'elle les pousse devant elle de chaque côté, à plus de cent pas de distance, à mesure qu'elle marche. Voici une preuve qui m'est arrivée : un jour dans le courant du mois de novembre 1833, je revenais de Lyon par la route de Bordeaux, tout en entrant sur la route Craponne (Rhône), non loin du pont d'Alaï, à onze heures du soir ; chemin faisant, j'aperçus tout à coup un feu comme celui d'une bougie, à ma droite dans la terre où est aujourd'hui le clos et le château Indiana, construit par M. Camille Derosière, de Tassin. Le feu était à peu près à la distance de cent pas devant moi ; quand je marchais, ce feu ou la bougie, marchait aussi parallèlement avec moi ; si je m'arrêtais, elle s'arrêtait aussi. Ce trajet se fit sur une longueur de 200 mètres de chemin, enfin jusqu'à la cime de la terre où était une haie et un chemin public au-dessus qui conduit au château de la Paix de Mme d'Auferville ; je perdis dès ce moment cette compagnie isolée de moi, qui me donnait aucune consolation. Il paraîtrait que s'était une souche de bois de la haie qui l'avait arrêtée et éteinte ; je ne m'effrayai pas de ce feu, je compris que c'était le feu follet, parce que j'en avais vu dans mon bas âge sur le mur du matin du clos Godard, à Craponne. Il y a des personnes, s'ils eussent été à ma place et qu'elles fussent superstitieuses et fanatisées, elles auraient cru que ç'était un revenant, elles auraient pris peur, et des fois en tomber malade ; c'était tout bonnement des couches d'air que je poussais devant moi ou que j'entraînais après moi à mesure que je marchais ; le feu follet est plus léger que l'air, il est suporté par lui, il allait donc parallèlement avec moi, en produisant cet effet.

C'est ce qui nous prouve qu'il ne faut jamais courir quand il fait de l'orage, des éclairs ou des coups de tonnerre qui grondent au-dessus de notre tête, parce qu'il n'est pas éloigné de nous ; en courant, nous établissons des courants d'air que nous poussons ou que nous entraînons, dans le moment il peut se faire des courants de fluide électrique et attirer la foudre sur nous.

ANECDOTE SUR LA PAROISSE DE POLLIONNAY, QUAND LA FOUDRE TOMBA SUR LE CLOCHER EN 1788.

La commune de Pollionnay tire son nom du dieu d'Apollon du temps du paganisme, parce que de ce temps là, on offrait des sacrifices à ce dieu dans différents lieux de la paroisse, qui était presque toute boisée.

M. Deloras, avant 1754, était le baron de Pollionnay, mais après sa mort, ce fut sa veuve Mme de la Merlé, qui prit la qualité de baronne de Pollionnay.

Le vieux château féodal existe encore aujourd'hui, mais depuis l'ancienne révolution de 89, cette noblesse ne l'a plus habité ; il est tombé en ruine, il est au soir et en haut du grand pré, dont un chemin de moyenne communication les sépare.

Le dernier baron qui a habité le vieux château féodal, nous a laissé un trait d'abus assez curieux, d'une condition servile que les anciens qui existaient de ce temps là, nous ont raconté de vive voix : ils nous disaient, que le baron exigeait et qu'il usait de son pouvoir privilégié qui lui était accordé à cette époque, à convoquer pour son caprice et pour son plaisir, par un bout d'écrit sur papier libre, large comme la moitié d'une main, que deux hommes à la fois qu'il désignait de la paroisse de Pollionnay, vinssent ensemble et de même aussi tous les autres hommes qui l'habitaient, vinssent aussi à leur tour de rôle au commencement du printemps de chaque année, faire des corvées au château pour battre l'eau avec des bâtons ou avec des perches, à seul fin de faire taire les grenouilles de coasser pendant les nuits, lesquelles se trouvaient dans les pièces d'eau autour du château féodal, afin de laisser dormir et reposer M. et Mme tranquillement dans leur lit au château. Ces pauvres hommes qui vivaient dans ce temps dans une position servile, obéissaient sans murmurer à la voix de leur noble, et qui cependant étaient obligés à vaquer le jour à leurs travaux manuels pour gagner leur vie, puis le soir en revenant des champs accablés de fatigues et des fois transis de froid, comme on sait qu'au commencement du printemps, il y a des nuits très-rigoureuses de gelée et quand même, ils étaient obligés d'obéir et de marcher quand la carte de convocation leur arrivait, mais personne, n'osait désobliger le baron, crainte qu'il leur gardasse plus tard quelques rancunes et qu'ensuite il les fit châtier. Ces hommes souvent grelottaient de froid, ils en supportaient le poids avec courage et avec patience, quoique la tâche fut pénible, en courant de droite et de gauche à frapper l'eau avec des bâtons et en tournant autour des pièces d'eau, pour faire taire le coassement des grenouilles. Trait d'abus qui ne se produirait pas aujourd'hui, parce que la clarté de la lumière de la liberté se fit jours au tiers état en 89, qui fit abolir le 4 août de la même année, la condition servile et les privilèges qui étaient accordés à la noblesse, en ne leur conservant que leurs titres honorifiques.

Mlle de Morinais, étant héritière depuis longtemps de cette ancienne baronnie de Pollionnay, est décédée dans le 16 du mois de février 1876. Avant de mourir, elle a fait mettre dans son testament qu'elle faisait don de la chapelle de Lorette à la commune qui lui avait fait faire des réparations, parce qu'elle tombait en vétusté. Le nouveau cimetière de la paroisse a été construit au sud de la Chapelle.

La Chapelle de Lorette est construite sur une hauteur, espèce de plateau depuis longtemps par la famille des Deloras, elle est dédiée à la Sainte Vierge, sous l'invocation de Notre-Dame-de-Lorette.

L'église de la paroisse a été construite sur un petit espace de terrain, présentant une plate-forme et sur un perron, en 1829, sous le maire Rossignol dit l'abbé, depuis agrandie, l'église est placée dans un lieu assez agréable, devant laquelle passe un chemin de moyenne communication, portant les noms initiales de la première lettre, A. B. C. D., noms des auteurs de ceux qui l'ont fait construire.

Dans la paroisse de Pollionnay, en 1788, le 10 août, de 4 à 5 heures du soir, il arriva malheureusement un grand accident. Un certain nombre d'hommes, voyant arriver le mauvais temps dans les nuages, s'étaient permis eux-mêmes de monter au clocher avec le marguiller Mallet André, pour lui aider à sonner les cloches afin de garantir ou de préserver la paroisse du mauvais temps, qu'ils voyaient arriver au lointain par de gros nuages accompagnés des coups de tonnerre qu'ils entendaient gronder, mais qui venaient et qui dépassaient par dessus la Croix du Ban et le Mont du Lièvre. Les nuages, poussés par des orages dominants, se dirigeaient positivement sur la paroisse de Pollionnay, qui est au pied des montagnes d'une partie des Cevennes. Le marguiller, voyant ce temps, rien de si pressé que de mettre les cloches en branle à toutes volées, pour faire écarter ou pour faire rompre les nuages par le son des cloches, afin qu'ils ne vinssent pas sur la paroisse, et en même temps pour protéger toutes les récoltes ; quoiqu'on sonna beaucoup, les nuages ne furent nullement écartés ni rompus. Ils passèrent sur le village et sur la paroisse avec un temps d'orage, de pluie et de grêle, aussi accompagné de grondement de coups de tonnerre, continuels et effrayants ; quand tout à coup, il se fit un grand éclair suivi en même temps d'un gros coup de tonnerre. La foudre tomba avec une décharge électrique sur un gros noyer qui existait à côté du clocher, elle passa par une des fenêtres du clocher, puis elle fut attirée dedans par les courants d'air et les vides que faisaient les ébranlements des cloches du moment qu'on les sonnait.

La foudre tua ou asphyxia quatre hommes à la fois qui tombèrent sur le champ roides, morts tous sans faire aucun signe de vie ; deux hommes furent tués du coup de la foudre étant après sonner et les deux autres qui étaient sur le pied de la porte du clocher qui venaient de sonner, furent tués aussi. Mais un cinquième homme, le nommé Barjon, de Pollionnay, soit disant, était au clocher, il eut une jambe un peu écorchée du coup de la foudre en passant à côté de lui ; la foudre lui emporta une boucle d'argent qu'il avait sur un de ses souliers, sans que l'on ait pu savoir où cette boucle fut passée. Les hommes qui étaient présents quand le coup arriva, après l'avoir cherchée, n'ayant pu la trouver, croyaient qu'elle avait été fondue par la foudre. L'homme qui avait été blessé à l'une de ses jambes, ne mourut pas de sa blessure, mais il eut beaucoup à souffrir et sa jambe guérit.

Les anciens nous ont raconté ce dernier fait, comme ils l'ont entendu raconter à ceux qui étaient à l'époque quand l'accident est arrivé.

Je vous raconterais aussi qu'un jeune enfant de douze à quatorze ans était monté au clocher pour voir sonner les cloches ; quand le coup de tonnerre se fit et que la foudre vint frapper les quatre sonneurs qui étaient tombés roides morts, l'enfant cru qu'ils s'étaient couchés de la peur du coup de tonnerre qui venait de se faire ; ce jeune enfant, en même temps se coucha comme eux, mais ayant resté un instant couché, voyant ensuite que les sonneurs ne se relevaient pas, il fut fort étonné ; puis s'étant relevé, voyant que les sonneurs étaient tous morts, il ne sut comment prendre cet événement qui venait de se passer, il resta tout stupéfait en voyant ce malheur.

Comme dans ce temps-là chez les gens, l'incrédulité, le préjugé, la superstition et le fanatisme dominaient chez eux, en voyant cet accident, les portaient à dire que ces hommes qui venaient d'être tués, n'étaient pas religieux et que c'était une punition envoyée de Dieu si ce malheur leur était arrivé ; mais plus tard, dans la rumeur publique il en devint une tradition qui passa de bouche en bouche. Aujourd'hui que l'ignorance et l'incrédulité s'effacent à mesure que les gens deviennent plus éclairés par l'instruction, ils prennent cette tradition quand les gens veulent la raconter pour des niaiseries superstitieuses et fanatisées.

VOICI LES NOMS ET PRÉNOMS DES QUATRE HOMMES QUI FURENT TUÉS PAR LA FOUDRE.

Mallet André, marguiller de la paroisse de Pollionnay, âgé de 43 ans et étant marguiller depuis plus de 20 ans dans la paroisse, venait d'être tué d'un coup de foudre, étant après sonner.

Assadas Benoît, domestique de Joseph Jasserand, demeurant lieu du Prasle, natif de Vangneray, tué d'un coup de foudre, étant après sonner, âgé de 27 ans.

Acarie Jean, demeurant au hameau des Mendrières, tué du coup de foudre, à la porte du clocher qui venait de sonner, âgé de 45 ans.

Bador Fleury, domestique chez Mme de Jussieu, natif d'Yzeron, tué du coup de foudre, à la porte du clocher, qui venait de sonner, âgé de 42 ans.

Les quatre hommes furent enterrés dans la même fosse le lendemain, dans le cimetière de la paroisse qui était au sud-est de l'église, aujourd'hui devenu une place publique.

ANECDOTE QUAND LA FOUDRE TOMBA SUR LA COMMUNE DE COISE, (RHÔNE), OU ELLE TUA DEUX HOMMES LE MARDI 26 JUILLET, DE 7 A 8 HEURES DU MATIN.

Dans la commune de Coise il existe une ferme appelée la ferme de la Terrasse, appartenant à M. de Noblet, laquelle en 1870 était affermée aux deux frères Crozier. Tout par un matin, l'un des deux frères prit un domestique avec lui pour aller moissonner du blé dans un petit vallon ou ravin non loin de la ferme ou de la maison, à peu près à cent mètres de distance environ de la maison ; quand les moissonneurs furent arrivés sur le lieu de la terre qu'ils allaient moissonner le champ de blé, au pied d'un rocher qui fait le talus ils commencèrent un peu à moissonner, mais le maître voyant que sa faucille ne coupait pas beaucoup, il se mit à l'aiguiser avec une meule de pierre, au pied du talus du rocher, pendant que le domestique s'était mis à moissonner à côté de lui ; dès ce moment il survint de gros nuages, il faisait des éclairs, il tonnait et il pleuvait, il paraîtrait que dans ce moment là, la foudre tomba sur un gros et haut frêne qu'il écorcha et en rompit une partie de la bronde, ensuite la foudre prit un retour, suivit le vallon ou ravin, elle vint frapper les deux moissonneurs qui avaient été déjà avant appelés par quelqu'un de la ferme pour venir déjeuner. On s'impatientait qu'ils mettaient du retard à venir à la maison. On avait vu qu'au premier appel le maître était après aiguiser sa faucille. Enfin un moment après on retourna les appeler de nouveau, mais ils ne répondaient pas, la personne qui les appelait s'approcha d'eux, elle vit alors qu'ils étaient tous les deux tombés par terre morts ou asphyxiés, elle se mit aussitôt à crier et appeler du secours, les gens qui étaient dans la maison de la ferme vinrent de suite voir et ils virent que leurs deux moissonneurs étaient morts, le maître tenait encore sa faucille d'une main et de l'autre sa meule de pierre à aiguiser. Le domestique de son côté tenait d'une main sa faucille et de l'autre une poignée de blé qu'il venait de couper. Les personnes de la ferme virent que le maître et le domestique avaient été tués par la foudre, ils se mirent sur le champ à la recherche où la foudre aurait pu tomber, ne voyant point de marque ni de trace autour d'eux. Enfin à force de recherches on trouva que la foudre avait tombé tout de frais sur un gros et haut frêne à peu près à quarante mètres de distance environ des deux hommes qui avaient étaient tués. On alla de suite chercher un médecin-docteur à Saint-Symphorien-sur-Coise. Le docteur vint aussitôt, quand il fut arrivé sur le lieu et qu'il eut visité les deux hommes l'un après l'autre il dit à ceux qui étaient présents que les deux hommes qui avaient été tués par la foudre étaient morts et qu'il n'y avait aucun secours à leur donner. Le docteur demanda à l'autre frère Crozier, de quoi étaient composées leurs faucilles, il lui répondit que d'une vieille faulx d'acier fondu ils en avaient fait faire ces deux faucilles ; alors le docteur-médecin, lui dit que c'était en aiguisant la faucille avec la meule de pierre et qu'elle faisait du feu avec l'acier, et que c'était par ce moyen que son frère avait attiré la foudre sur lui et sur le domestique qui était à côté, parce qu'il faisait des mouvements et de l'électricité en aiguisant avec la pierre, dans ce moment il pouvait se faire des courants d'air avec des courants de fluide électrique dans le ravin et attirer la foudre sur eux. Le médecin dit aux personnes qui étaient présentes autour de lui, quand ils entendraient tonner au-dessus d'eux, il fallait de suite poser par terre leurs faucilles et s'en éloigner, il fallait aussi en faire de même de leurs faulx quand ils étaient après faucher, de ne tenir entre les mains jamais aucun instrument métallique pendant que les nuages de pluie passaient et que le tonnerre grondait au-dessus de leur tête, parce qu'on risquait de perdre la vie, le docteur leur dit encore que tout instrument métallique attire la foudre.

QUELLES SONT LES CAUSES QUE LA FOUDRE TOMBE SOUVENT AU HAMEAU DU PONT-CHABROL, COMMUNE DE BRINDAS, (RHÔNE).

Au hameau du Pont-Chabrol la foudre y tombe souvent. Les anciens m'ont raconté et d'autres personnes, que de leurs temps, ils avaient vu tomber la foudre bien des fois, toujours à peu près dans le même espace de longueur du terrain où la foudre tombe encore aujourd'hui, le long du rivage du ruisseau du Vivier, à partir du pont sur la rivière d'Yzeron, jusqu'à l'angle nord de la terre des héritiers de Louis Marignier, cela donne un espace de 210 mètres de longueur environ et 60 mètres de largeur.

Les gens du hameau et ceux des environs conjecturent qu'il existerait dans ce lieu des minerais ferrugineux qui seraient à peu de profondeur, et qui attireraient la foudre. Je ne suis pas de cet avis, je pense quand même il y aurait des minerais, ce ne serait pas eux qui seraient l'auteur d'attirer la foudre, parce que nous avons beaucoup en France, des lieux où il en existe, et qui ne l'attirent pas. Mais, je vous dirai qu'il faut considérer les escarpements, les sinuosités que présentent les terrains qui environnent le Pont-Chabrol, il se trouve dans une partie de terrain bas, au fond d'une plaine, renfermé de tous les côtés comme au fond d'un entonnoir.

On voit du hameau, la hauteur des terres, des cailloux et le vallon du Vivier, côté matin, qui se mettent en opposition à toutes les autres hauteurs et vallons d'Yzeron et de Chambarny.

C'est pour celà que je m'appuie sur les traités et les leçons des physiciens, et surtout d'après les leçons de M. Arago l'astronome, qui nous démontre qu'un pays entrecoupé de hauteurs, de montagnes, de vallons et de forêts attirent les orages et les nuages; par ces moyens la foudre qui est portée dans les nuages où se forme l'électricité tombe dans les bas vallons sur les arbres de préférence que sur ceux qui sont sur les hauteurs. Vous me direz aussi que la foudre tombe un peu partout, oui cela est vrai; mais elle tombe ordinairement sur un objet élevé, dans un vallon surtout sur les arbres en forme de pain de sucre ou qui sont en forme de flèche, qui avec leurs branches et leur feuillage attirent les courants d'air et les fluides électriques, que les orages mettent en branle. Le vallon du Vivier, comme je l'ai déjà dit, se trouve dans cette position, les vallons qui l'environnent qui sont devant, nord, couchant et midi, attirent donc les orages avec les courants des fluides électriques de l'atmosphère, qui portent dans leur sein la pluie, ils se réunissent tous sur le même point du vallon du ruisseau du Vivier, quand ils sont poussés par des orages.

ANECDOTE QUAND LA FOUDRE TOMBA SUR LA MAISON DE M. CHALAMEL ANTOINE, DE GRÉZIEU-LA-VARENNE (RHONE).

M. Jean Benoît Crozier, de Grézieu, faisait moissonner son champ de blé de la terre appelée la Croix dont il la tenait de ferme du presbytère de Grézieu, c'était au mois de juillet 1860. Il avait envoyé plusieurs hommes pour moissonner son blé. Son oncle, M. Tolon, pendant la journée était allé voir les moissonneurs; mais du temps qu'il y était, il survint à faire mauvais temps, tous les moissonneurs et M. Tolon furent forcés de chercher un abri pour se garantir de la pluie, ils allèrent se mettre à l'abri dans la maison la plus voisine qui se trouva celle d'Antoine Chalamel, de Grézieu. Mais comme il faisait un temps abominable, il pleuvait à verse, il faisait des éclairs suivis de gros coups de tonnerre. Nos moissonneurs et M. Tolon, s'étaient réfugiés dans la cuisine de M. Chalamel, les uns étaient obligés de se tenir droits, les autres assis sur des chaises, sur des bancs et sur des tables; le maître de la maison était assis sur une marche d'une montée d'escalier, son berger était assis sur un sac contenant des provisions de ménage, placé au fond de la cuisine. Pendant ce temps il pleuvait à verse, il faisait beaucoup des éclairs et des coups de tonnerre qui grondaient au-dessus de la maison. Enfin Guillot l'un des manœuvres avait la curiosité d'ouvrir la porte d'entrée pour regarder souvent le temps, puis il la refermait. M. Tolon voyant faire ce trajet, lui dit un peu d'un ton de colère : « Laissez cette porte fermée et ne l'ouvrez donc pas toujours, parce que vous pourriez nous attirer la foudre et nous faire tuer. » Le sieur Guillot la referma sur le champ, la porte ne fut pas plus tôt refermée que la foudre tomba à la cime de l'anchant sud-ouest de la maison, elle le dégrada, puis par un retour, elle vint sur le devant de la maison, où elle perça le mur dans sa partie la plus faible au-dessus la couverte de pierre de la fenêtre de la cuisine; la foudre passa en droite ligne, par le milieu de la cuisine entre tous les hommes, puis elle alla tomber au fond, vers le mur, sans laisser aucune trace apparente. Mais la foudre ayant donné en passant une forte secousse au bras et à l'épaule gauche d'un ouvrier charron qui était venu par complaisance aider à moissonner. Il était droit à côté de la croisée de la cuisine. Le berger qui était assis sur le sac au fond de la cuisine reçut aussi une secousse de la foudre, elle le fit tomber, mais il n'eut pas grand mal, l'ouvrier charron eut à souffrir assez longtemps, il ne pouvait s'aider ni de son bras ni de son épaule. M. Tolon dit au nommé Guillot qui avait souvent ouvert la porte : « Vous voyez bien à présent ce qu'il vient d'arriver, quand je vous disais, laissez la porte fermée et que vous nous attireriez la foudre dessus. L'ouvrier charron ne se trouverait pas dans une position déplorable maintenant, ni le berger; ils supportent les conséquences de l'accident qui vient d'arriver. » Ils étaient au moins une huitaine de personnes dans la cuisine quand cet accident arriva. Les uns après murmuraient et les autres grondaient contre Guillot. Chalamel, qui était assis sur une marche d'escalier, dit : « Je crois que la foudre perdait sa force de vitesse, parce que j'ai vu traverser un feu au milieu de la cuisine jusqu'au fond, où il s'est éteint, disait-il, c'était gros comme une globule, qui, à mesure, allait en se consumant, comme si l'on mettait le feu à une globule de poudre humectée d'eau. » A vrai dire c'était tout simplement de l'électricité accumulée en une globule produite par le frottement des nuages entr'eux, portant de la pluie, poussés par des orages.

Cet exemple nous démontre qu'il ne faut jamais ouvrir ni porte ni croisée des appartements, parce qu'on repousse l'air par derrière soi en ouvrant, puis on lui laisse un vide par devant soi, il arrive que d'autres couches d'air prennent le lieu et place, elles se succèdent ainsi de suite. Si du moment où on ouvre une porte une croisée, et qu'il se trouve de faire un éclair, et que la foudre fasse explosion, elle suivra la voie qui lui est donnée en suivant les couches d'air qui se succèdent les unes après les autres, quoique la porte ou la croisée soit refermée, elle tombera toujours sur la maison où il se trouve des issues de courants d'air ou bien elle sera attirée dans la maison où il y a des objets métalliques.

De plus ne restez jamais sur le carré ou dans un corridor à la cîme d'une montée d'escalier contigu, et en dehors de la maison pour regarder le temps. J'ai vu et j'ai entendu dire qu'un grand nombre de personnes ont été tuées en y restant pour regarder le temps, parce qu'elles ouvraient à chaque instant la porte sur le carré.

Il vaut mieux rester fermé dans les appartements, du moment que le tonnerre gronde au-dessus de nous en passant, parce qu'on ne risque pas de l'attirer sur soi.

ANECDOTE SUR LE VIN, SON UTILITÉ QU'IL EXERCE SUR LE CORPS ET SUR L'ESPRIT DU GENRE HUMAIN.

Le vin est un suc tiré du raisin après la fermentation dans les cuves. Quand on en use à propos, et modérément sans excès, il a la propriété de fortifier l'estomac, de purifier le sang, de favoriser la transpiration, et d'aider à toutes les fonctions du corps et de l'esprit. Ces effets salutaires se font plus ou moins sentir selon le caractère propre de chaque vin. La consistance, la couleur, l'odeur, le goût, l'âge, la sève, le pays et l'âme apportent ici des différences notables.

Les gourmets qui sont habitués de boire les vins de différents pays, ont l'organe du goût assez fin en les dégustant, pour apprécier de suite les qualités des vins et dans quel pays ils ont été cueillis. Les personnes qui s'habituent à boire les vins avec excès et continuellement deviennent des abrutis, des stupides, ils perdent la raison, leurs facultés intellectuelles et spirituelles à mesure que ces personnes avancent en âge.

ANECDOTE DANS QUEL VILLAGE DE LA GAULE LYONNAISE, ON PLANTA LE PREMIER PLANT DE VIGNE.

Ce fut au village de Couzon près de Lyon, qu'on planta le premier plant de vigne, que les Romains dans la Gaule Lyonnaise, plantèrent le premier plant de vigne, et comme ils le firent venir de l'île de Cooz, en Grèce, le village prit le nom latin Cozo, depuis en français Couzon. Les anciennes histoires de Lyon ajoutent que les vignobles de ce pays ont toujours été renommés, et il y avait un proverbe qui disait, qu'il n'était bon bourgeois de Lyon, qui n'avait vigne à Couzon.

PRÉCAUTIONS A PRENDRE POUR LES SOUTIRAGES DES VINS, POUR LEURS TRANSPORTS ET POUR LES CONSERVER.

On doit toujours soutirer les vins, avant le 21 mars, c'est-à-dire avant l'arrivée de l'équinoxe du printemps, parce que les vins à cette époque fermentent, c'est aussi le moment de la poussée de la vigne, afin de les séparer de la lie et de les dépouiller des matières acéteuses dont ils peuvent encore être chargés ou de les contenir.

Avant de les déplacer ou de les transporter, il est surtout prudent pendant les chaleurs de les soutirer, car quelque faible que soit leur quantité de lie déposée au fond du tonneau, son mélange avec le liquide peut le mettre en fermentation et lui donner un mauvais goût. Le transport par un temps chaud suffit quelquefois pour faire fermenter les vins les mieux coulés et soutirés. Nous avons des personnes qui ont l'habitude de soutirer une seconde fois les vins qu'ils gardent dans leur caves, lesquels n'ont pas été vendus, afin de les purifier davantage. Cela se fait avant la fin du mois de mai, parce que les vins fermentent encore à la floraison des raisins afin de leur ôter ou de les purifier des matières acéteuses qu'ils pourraient encore contenir.

La futaille où l'on met le vin doit être bien rincée et propre, aussi à bon goût de vin, si l'on veut qu'il se maintienne toujours bon, tenir les tonneaux pleins, toujours bien bouchés, afin que l'air ne puisse pas pénétrer dedans, ce qui le ferait aigrir ou prendre le goût d'évent, etc. On doit toujours tenir les caves ou les celliers propres, où sont les vins; éloigner autour d'eux les fumiers, les écuries et les cloaques des immondices, parce que les miasmes, l'air putride et corrompu peuvent pénétrer dans les caves ou les celliers, entretenir une chaleur, qui fait fermenter les vins et par conséquent, les feraient tourner en même temps. S'il est possible il faut donner des courants d'air aux caves et aux celliers du côté nord, avec des petites ouvertures pratiquées dans le mur, s'il n'y a pas moyen de donner des courants d'air, il faut alors arroser avec de l'eau propre de temps en temps le sol de la cave ou du cellier pour leur entretenir une fraîcheur, cela doit se faire dans le temps des chaleurs, de plus cet arrosage de fraîcheur fait tomber par terre les molécules ou les tourbillons de poussière qui voltigent en l'air dans la cave, entretiennent une chaleur dedans à faire fermenter les vins et à les faire tourner.

Nota : Si dans le cas votre cave ou votre cellier où vous mettez le vin, soit chaud dans le printemps et dans l'été, il faut au milieu du mois de mai, y mettre partout une couche de sable bien cru de rivière de l'epaisseur de six centimètres ; ensuite avoir soin de bien l'arroser dessus avec de l'eau propre de temps en temps, cela entretiendra une fraîcheur continuelle dans la cave ou dans le cellier, laquelle par ce moyen empêchera le vin de se gâter et de se tourner dans les tonneaux.

RECETTE POUR CONSERVER LA PIQUETTE DE VIGNE OU L'EAU DE GÊNE.

La piquette de vigne ou l'eau de gêne, c'est la boisson que l'on fait avec le marc des raisins, après l'avoir pressé et remis dans la cuve, avec de l'eau du puits ou de fontaine. On laisse maacérer le marc pendant quelques jours, on soutire l'eau de gêne, en repassant dessus le marc avec un seau d'eau, matin et soir, tous les jours, jusqu'à ce que l'eau ait pris une couleur rouge un peu foncée suffisante, puis on soutire la piquette de la cuve, pour la mettre dans des pièces ou dans des tonneaux, pour la conserver pendant le courant de l'année dont on en fait usage. Elle fait surtout grand plaisir aux moissonneurs et aux faucheurs, pendant qu'ils sont obligés de supporter le poids de la chaleur des brûlantes journées qu'ils demeurent aux champs. D'après de longues expériences faites, il est reconnu que l'acide tartrique en poudre est bonne pour la conservation de la piquette d'eau de gêne.

La piquette de vigne fermente comme le vin, c'est-à-dire à la poussée de la vigne au printemps, à la floraison des raisins et à leur maturité. L'acide tartrique qui est fait avec la crême de tartre a la propriété d'arrêter les différentes fermentations de la piquette, de la conserver bonne en lui donnant un goût un peu acide rafraîchissant, désaltérant et agréable à boire.

Beaucoup de personnes font usage pour conserver leur piquette ou vin de l'alun ; il est reconnu que cette substance est nuisible à la santé des personnes qui en font usage pendant toute l'année, par conséquent, sera avantageusement remplacée par l'acide tartrique en poudre, c'est principalement aux habitants de la campagne qu'on le recommande, parce que généralement, pour se désaltérer de leurs rudes travaux, ils boivent souvent de la mauvaise boisson qui peut être maintenue bonne avec de l'acide tartrique en poudre, pendant toute l'année, ce qui est un grand avantage de pouvoir se procurer de la piquette fraîche et salubre au plus gros de la chaleur.

D'un autre côté si l'on veut maintenir la piquette de vigne ou d'eau de gêne, il faut toujours la mettre dans des pièces ou des tonneaux de vin, mais jamais dans ceux qui ont déjà servi pour la piquette de l'année précédente ; puis ensuite on affranchit la futaille l'année suivante en la remplissant par du vin nouveau.

La piquette doit être mise dans des caves ou dans des celliers frais, comme il est dit ci-devant dans les précautions à prendre pour le vin, pour le maintenir dans les chaleurs.

MANIÈRE D'EMPLOYER L'ACIDE TARTRIQUE EN POUDRE DANS LA PIQUETTE.

Quand on soutire la piquette de vigne ou l'eau de gêne de la cuve pour la mettre dans des bareilles, il faut lui ajouter dedans 180 grammes d'acide tartrique en poudre par la bonde de la bareille de piquette de la contenance juste de 210 à 220 litres, mais pas davantage par pièce, parce que l'on donnerait le goût d'aigrelet en en mettant plus. Ensuite on remue avec un bâton cinq ou six tours ou bien on roule la pièce sur elle-même, en l'agitant ou en lui donnant plusieurs secousses, afin de faire le mélange, puis on laisse reposer 5 à 6 jours avant d'en tirer pour boire.

On peut aussi mettre cette poudre d'acide tartrique si elle en a déjà point eu quand on la soutire et qu'elle n'est pas tournée. Cette poudre préserve la piquette, mais elle ne la remédie pas si elle est déjà tournée. Cette substance ne nuit pas à la santé comme l'alun.

On doit toujours soutirer la piquette comme le vin avant le 21 mars parce que c'est l'arrivée de l'équinoxe de printemps, mais comme la piquette dégénère en couleur en la soutirant, il faut ajouter dans la pièce 10 à 12 litres de bon vin, afin de lui donner plus de consistance et de force en alcool et aussi plus de couleur.

AUTRE BONNE RECETTE POUR CONSERVER LA PIQUETTE DE VIGNE.

On maintient aussi la piquette de vigne en la mettant dans des pièces à bon goût de vin, puis en la mèchant légèrement au moins deux ou trois jours d'avance avec la mèche de Chalu, avant que de les remplir, puis leur ajouter dedans 180 grammes d'acide tartrique en poudre. Cette recette a l'inconvénient que des personnes craignent le goût de la mèche, elle sèche un peu le gosier et le palais de la bouche.

RECETTE POUR REMÉDIER LES VINS TROUBLÉS, LES VINS TOMBANT A LA GRAISSE ET FILANT COMME L'HUILE.

Le vin tombant à la graisse ne peut être considéré que comme une altération laiteuse que contractent les vins recueillis dans une saison pluvieuse, et qu'ils ont peu fermentés. Lorsque cette maladie se manifeste, le vin perd sa fluidité naturelle et file comme l'huile. Cette maladie attaque plus fréquemment les vins blancs que les vins rouges, et en général ceux qui n'ont pas complété leur fermentation.

Quand on voit qu'un vin d'une pièce ou d'un tonneau tourne au trouble, à la graisse et file comme l'huile, il faut de suite le coller, avec la colle de poisson ou avec des blancs d'œuf, le bien agiter avec un bâton fendu, le soutirer quelques jours après; si cela ne suffit pas, on renouvelle une seconde fois, on joint à la colle qui a été battue, un quart de litre d'esprit de vin par pièce, puis on ajoute encore dedans 150 grammes d'acide tartrique en poudre que l'on agite bien le tout ensemble dans la pièce ou dans le tonneau avec bâton fendu, on laisse reposer le vin 7 à 8 jours, on le ressoutire dans un autre fût à bon goût de vin, en le mèchant un peu.

RECETTE POUR OTER LE GOUT DE MOISI, D'ÉVENT ET DE FUT.

Aussitôt qu'on aperçoit qu'une pièce de vin commence à piquer l'aigre ou le goût de moisi, d'évent ou de fût, il faut de suite le coller et le soutirer dans une autre pièce, qu'on aura méchée d'avance. On prend par pièce une livre de croûte de pain de froment, que l'on fait griller au feu sur une pelle de fer, sans les faire brûler; ensuite on les pile bien menues, on pile aussi un quart de livre de poudre de chasse ou de mine, puis on mélange le tout ensemble. On met ces deux substances mélangées dans un sachet long et étroit que l'on introduit par la bonde dans la pièce. Le sachet étant attaché au bout par une ficelle qui le tiendra suspendu dans le vin et la fera sortir en dehors; puis on bouchera bien la pièce, on laissera tremper le sachet dans le vin quarante-huit heures mais pas davantage parce qu'il nuirait au vin. Au bout de ce temps on ôte de la pièce le sachet qui a eu la propriété d'absorber ou d'attirer le goût d'aigre, de moisi, d'évent et de fût, de suite après on soutirera la pièce de vin dans une autre à bon goût et méchée.

AUTRE RECETTE POUR OTER LE GOUT D'AIGRE.

Si une pièce de vin commence à piquer le goût d'aigre, il faut se procurer de bonne lie de vin nouveau, on en met dedans deux seaux de 8 à 10 litres pour une pièce de 210 à 220 litres en ayant soin de bien mélanger cette lie dans la pièce de vin en la roulant par terre, lui donnant des secousses ou l'agitant plusieurs fois par jour pendant trois ou quatre jours, la lie mise en contact avec toutes les parties du liquide, elle lui communique de sa force, et, qu'en se précipitant, elle entraîne toutes les impuretés, on laisse reposer le vin qui est dans la pièce jusqu'à ce qu'il soit éclairci, puis on le soutire dans une autre pièce méchée mais à bon goût de vin.

SECRET POUR SAVOIR S'IL Y A DE L'EAU DANS LE VIN.

Remplissez un seau plein du vin que l'on veut examiner, mettez y dedans doucement des pommes ou des poires sauvages ; si elles surnagent, le vin est pur ; si au contraire elles descendent incontinent, le vin a de l'eau.

AUTRE SECRET.

Mettez doucement dans un seau plein de vin, un œuf frais ; s'il descend incontinent, le vin est mêlé avec de l'eau ; s'il tarde à descendre, le vin est pur.

SECRET POUR RECONNAITRE SI LE VIN CONTIENT DE L'ALUN.

Prenez un petit morceau de foie de veau frais chez le boucher, mettez-le dans le verre de vin que vous voulez examiner : si dans un moment le foie de veau se détériore et devient noir, le le vin contient de l'alun ; si au contraire le foie se conserve frais, ne se détériorant pas, le vin est naturel.

SECRET POUR CONNAITRE SI LE VIN CONTIENT DU PLATRE.

Si dans un vin on soupçonne qu'il y ait du plâtre, on remplit un verre de ce vin, on y laisse tomber dedans plusieurs gouttes d'alcali volatil liquide puis on remue le tout, on laisse reposer le vin quelques heures : si le vin laisse un résidu ou un dépôt de plâtre au fond du verre, il contient du plâtre ; s'il n'y a point de dépôt, le vin est naturel.

LE GRIBOURI OU LA BARBIROTTE.

Le gribouri est un insecte appelé vulgairement par nos vignerons la barbirotte ; il se tient principalement dans les terrains pierreux plutôt que dans les terres pures. Cet insecte dans certaines localités de terroir, fait beaucoup de ravages aux vignes, il détruit presque la récolte des raisins, après avoir éclot, il ronge les racines de la vigne ; en grossissant, il prend des ailes, il ronge aussi les raisins et les feuilles de sarments en leur faisant des ciselures en forme de gribouillage.

Le matin avant le soleil levé, on le voit sur les feuilles des sarments, mais après le soleil levé, au moindre bruit qu'il entend et qu'on veuille s'approcher de lui, il tombe par terre autour du cep et se cache aussitôt dans la terre, où on le perd de vue surtout dans les terrains pierreux.

RECETTES POUR DÉTRUIRE LES GRIBOURIS OU LES BARBIROTTES.

1er procédé : C'est dans le mois de novembre que se trouve le temps propice où l'exhalaison de la chaleur sortant peu à peu de la terre et qu'elle est remplacée par celle de l'humidité, avant que les gelées de l'hiver n'arrivent. Il faut mettre une bonne poignée de fumier de cheval ou de bétail bien jointe autour des ceps. On laisse se fumier 10 ou 12 jours, pendant ce temps les gribouris viennent se tenir chauds dessous, puis on ôte le fumier, on les aperçoit autour du cep, on les ramasse avec les mains à poignées on les met dans un arrosoir, puis on les brûle. Ce procédé répété une ou deux années de suite finit par détruire les gribouris ou les barbirottes.

2e procédé : On détruit aussi les gribouris ou les barbirottes par le fumage, la matière des latrines surtout avec celle des villes qui renferme des acides, en la répandant à la volée dans les parties des vignes où ils font leurs ravages.

LES CHARANÇONS.

Les charançons sont faciles à reconnaître à leurs têtes prolongées en trompe et portant près de leurs extrémités des antennes en massue, composées de 11 articles. Ce sont les charançons gris, qui font des ravages aux vignes, ils piquent ou ils rongent les raisins, puis ils s'attachent aux feuilles et ils les roulent en spirale ; ils sont cause que les grappes déssèchent et ne donnent que de mauvais raisins.

Pour détruire les charançons, il faut enlever les feuilles ainsi roulées avec les nids de ces insectes et les brûler.

LA PYRALE.

La pyrale de la vigne ressemble à la teigne de nos appartements, mais elle est plus grande, seulement elle a des raies noires, des raies d'un jaune blanc, le cou de même que les dernières raies que je viens de citer et la tête noire. La chenille a 16 pattes, elle cause de grands ravages dans quelques vignobles, où elle détruit quelquefois entièrement les récoltes. On en a eu l'exemple **en 1840** dans le Beaujolais, où ce fléau a duré une huitaine d'années environ. Les vignerons, pendant ce laps de temps, étaient désolés et malheureux, plusieurs de leurs propriétaires étaient obligés de leur venir en aide pour les frais de la culture.

RECETTES POUR LA DÉTRUIRE.

La pyrale ronge les feuilles, coupe leur pétiole ainsi que le pédoncule et l'épiderme de la grappe de raisin qui dessèche : l'insecte y étend bientôt plusieurs filets blancs très-déliés ; il se fait par ce moyen un logement ou cocon sur les fleurs et les fruits à peine noués, il ne sort de son nid qu'après le coucher du soleil, et fait de grands dégâts.

Au mois de juillet, la pyrale de son cocon se métamorphose en petit papillon, qui voltige par toute la vigne où il dépose des œufs sur les feuilles et dans les crevasses de l'écorce des ceps, mais trop difficiles à découvrir pour leur faire la chasse.

Il y a cependant trois moyens pour la détruire :

1er procédé : On peut la détruire en cueillant toutes les feuilles roulées dans lesquelles elle fait son cocon et les brûler ;

2e procédé : On peut la détruire en allumant pendant la nuit sur les hauteurs voisines de la vigne, de la paille ou autres végétaux, qui, en donnant une flamme vive, attirent ces insectes qui viennent s'y brûler ; par ce moyen, on peut en détruire une quantité énorme, mais avec tout cela, on ne peut pas atteindre les œufs qui sont déposés dans les crevasses de l'écorce des ceps.

Dans le Beaujolais, on n'est parvenu à le détruire que par l'échaudage des ceps avec d'eau bouillante, en arrosant avec un petit arrosoir sur tous les ceps, pour cuire les œufs. Ce procédé se faisait toutes les années aux mois de février et mars, tant que la végétation n'avait pas poussé.

La pyrale s'est remise en 1876, dans les meilleurs vignobles du Beaujolais pour le vin, telles que les communes de Romanèche, Chénas, Fleurie, etc.

Nota. — Si l'on veut que l'échaudage des ceps de la vigne fasse un bon effet, il faut ajouter un seau de 8 à 10 litres d'eau beaucoup savonneuse, du savon dur de soude qu'on aura fait dissoudre à l'avance dans un chaudron ; puis on la mettra dans celle bouillante, contenue dans la chaudière portative, on la remuera bien avec une pelle ou avec un bâton pour faire égaliser ce mélange. Alors quand on emploiera l'eau bouillante mélangée pour faire l'échaucage des ceps, elle laissera une espèce d'enduit ou glu dans les fentes ou dans les crevasses et sur les écorces des ceps, que les pluies entretiendront toujours humides et savonneuses, qui fera crever la pyrale à l'état de larve.

RECETTE POUR GARANTIR LA MALADIE DES RAISINS DANS LES TREILLAGES.

On fera un mélange d'un quart de fleurs de soufre, avec trois-quarts de poussière bien fine et sèche de chemin ou de grande route, dont on poudrera les raisins avec un soufflet fait exprès, ou bien avec la main ; par ce procédé simple, on garantit les raisins de la maladie.

CHOIX DU TERRAIN PROPRE A NOURRIR LA VIGNE PAR L'EXPOSITION ET A LUI DONNER DU BON VIN.

Les terrains argileux ne sont pas propres à la culture de la vigne, parce qu'ils ont la propriété de retenir constamment l'eau qui la pourrit en très-peu de temps.

Les terrains volcaniques, qui sont un mélange de toute espèce de terre, fournissent à la vigne une végétation brillante et donnent d'excellents vins. Ainsi, tous les terrains légers quel que soit leur couleur fine et friable qui n'ont pas la propriété de retenir l'eau, feront constamment produire de bon vin à la vigne qui y sera plantée.

Voici ce que dit l'agronome M. l'abbé Rozier à ce sujet des terrains de la vigne : elle se plait sur les collines, sur les coteaux, dans les terrains pierreux et semble être un supplément de richesses. Le rocher le plus aride devient pour elle un terrain fécond et la nature semble avoir indiqué les plaines pour la culture des grains.

En général la vigne étant une des plantes dont la transpiration est des plus abondantes, une terre composée de sable, de roches pourries, de cailloux et de graviers, est la meilleure pour sa culture. La terre sablonneuse produit un vin fin, la graveleuse et la caillouteuse produisent un vin délicat ; la roche brisée un vin fameux et d'une qualité supérieure. La terre franche, forte, humide, compacte et que les rayons du soleil durcissent aisément, nuit essentiellement à la qualité des vins.

Pour cela il faut choisir une exposition avantageuse, d'une terre propre à recevoir la vigne. Celle des coteaux du matin, du midi et du soir, mais l'exposition de celle du midi est préférable, et sur lequel le soleil darde plus longtemps ses rayons, doit être préférée à tout autre. Les coteaux voisins de la mer et des rivières qui jouissent de cette même exposition, sont d'autant plus avantageux pour la culture de la vigne, que les vapeurs qui s'exhalent du sein des eaux, attendrissent les raisins et donnent au jus qu'on exprime, le goût le plus délicieux.

L'INVENTION DE LA CONSTRUCTION DES VASES DES FUTAILLES,
LA FORME AISÉE A LES TRANSPORTER
ET LE CHOIX DES BOIS DONT ON DOIT SE SERVIR POUR LES CONSTRUIRE.

L'invention des vases des futailles est due aux Piémontais dans un temps assez reculé. « Nous serions sans doute saisis d'admi-
« ration, dit Pline, si nous n'en avions jamais eus, si nous réflé-
« chissions sur l'industrie et le soin qu'a dû exiger la construc-
« tion d'un vase de futaille, formé de plusieurs planches réunies
« seulement par des liens de bois, qui contient une certaine
« quantité de liquide, sous une forme aisée à transporter et la
« plus propre à souffrir un assez grand choc, sans permettre à
« la liqueur qu'il renferme de se perdre ; les calculs des géomè-
« tres échoueraient, où l'habitude et presque une simple routine
« de l'ouvrier, réussissent assez bien. »

M. Rozier dit : cette forme est la plus commode et la plus avantageuse pour conserver le vin. Si l'on plaçait la liqueur dans un vaisseau carré, le moindre vide laisserait trop de surface au vin, et parconséquent plus de facilité à la sortie de son air surabondant à la séparation et à l'évaporation de sa partie spiritueuse, et les oscillations de l'air extérieur auraient une action trop puissante sur la liqueur, il arriverait de là que la moindre secousse agiterait la masse totale de la surface, tandis que dans le tonneau, la ligne transversale diminue en montant et va se perdre vers le bondon.

Les bois qui doivent servir à la construction de ces vases des futailles, sont le chêne, le mûrier, le châtaigner et le hêtre, les plus avantageux, mais le chêne est le préférable et tous doivent être sains et très-secs avant d'être employés à la construction des vases futailles.

ANECTODE SUR LE VIN, SON UTILITÉ QU'IL EXERCE SUR LE CORPS ET SUR L'ESPRIT DU GENRE HUMAIN.

Le vin est la liqueur la plus agréable et la plus saine, dont l'espèce humaine ait jamais pu faire usage, il sert dans tous les climats à prévenir plusieurs maladies auxquelles l'homme est sujet. Voici ce que dit M. l'abbé Pluche, dans son ouvrage le *Spectacle de la nature*, sur l'utilité du vin : « C'est le privilège, « dit-il, du seul vin, d'apporter la vivacité et la joie, il délie la « langue, évertue l'esprit et fait éclater la satisfaction du cœur « par le chant, au lieu que les autres liqueurs soit naturelles, soit « artificielles, comme la bière, le cidre, le poiré, le thé, le café, « le chocolat et une infinité d'autres, sont presque toutes des » boissons sérieuses et taciturnes, qui laissent l'homme livré à « sa mélancolie. Point de bonnes chères où le vin manque, il ren- « ferme seul des mets exquis, rien ne peut le remplacer. Tout le « reste n'est pas capable de consoler son absence ; il fait un autre « bien, en écartant la tristesse et les passions sombres, il adoucit « les cœurs les plus aigris, il rapproche peu à peu des personnes « ennemies qui sont charmées de se voir avec un air ouvert et « sans embarras, la colère n'est plus dans leurs yeux, elles se « trouvent aimables et la haine fait place à l'amitié renaissante. « Le vin devient ainsi le médiateur des réconciliations les plus « gracieuses, le plus insinuant et le plus facile à trouver. On peut « dire qu'il est le lien le plus engageant de la sociétés, il est « encore un des plus puissants soutiens de l'homme dans son « travail, soit en le lui faisant commencer avec joie, soit en rap- « pelant tout d'un coup les forces épuisées par la fatigue. Le pain « met l'homme en état d'agir, mais le vin le fait agir avec courage « et lui rend son travail aimable. L'âme auparavant ensevelie dans

« une mélancolie profonde, semble revivre par son secours;
« elle se répand dans le dehors, elle met l'agilité dans les pieds
« et les expressions dans la bouche, tous les maux sont oubliés,
« elle prend des sentiments de vigueur, la timidité qui ressem-
« blait la resserrer en ne lui faisant voir que ses peines, fait
« bientôt place à l'espérance et à la résolution. Le vin est si ami
« de l'homme, qu'il varie ses goûts selon ses dispositions. Som-
« mes-nous en bonne santé ? le vin réjouit l'odorat, la langue et
« l'estomac. Il semble nous donner avis de la proportion qu'il a
« avec tous nos besoins. Sommes-nous malades ? il change alors
« sa sève enchanteresse en une amertume insupportable, il sem-
« ble nous avertir obligeamment, qu'il n'est propre qu'à aug-
« menter chez nous l'altération et le trouble. »

NOTICE SUR LES TERRAINS OU LE PHYLLOXERA ET LE GRIBOURI (OU LES BARBIROTTES) FIXENT LEUR DEMEURE POUR SE PROPAGER, ET POUR SE NOURRIR DES RADICELLES ET DES RACINES DE LA VIGNE.

Le phylloxéra et le gribouri sont des insectes qui se tiennent de préférence, d'après les rapports de quelques vignerons dans des terrains maigres, pierreux, calcaires et ceux un peu argileux; lesquels ne donnent pas à la vigne une végétation vigoureuse, parcequ'ils leur manquent de carbonate de chaux et des engrais nutritifs, ou bien se sont des terrains épuisés ou usés d'engrais de nutrition par de longues années de culture, sans avoir pris la précaution, de leur en donner de temps à autre. Alors, la sève et l'écorce des radicelles et des racines des ceps de la vigne, prennent le goût de douceâtre et de fade : goût qui plaît à la nourriture de ces insectes qui les occasionne à sucer la sève de l'écorce des racines de la vigne. Ils arrêtent donc la sève des radicelles et des racines de la vigne, du moment que la vigne veut pousser ; tandis que les racines des ceps qui reçoivent dans la terre de bons engrais nutritifs, ont la montée de la sève vigoureuse puis elle la rend de même à l'écorce qui prend le goût âcre, acerbe, salin et un peu acide qui chasse ou fait crever ces insectes rongeurs, si l'on fume beaucoup la vigne avec de bons engrais, au moins, tous les trois ans: on pourra, par ce moyen détruire ces insectes rongeurs qui sont le fléau de nos riches vignobles dans plusieurs localités de la France.

NOTICE SPÉCIALE POUR RECONNAITRE LE PHYLLOXERA, LES RAVAGES QU'IL FAIT A LA VIGNE, MOYENS AUSSI POUR RECONNAITRE S'IL EST DANS LA VIGNE.

Le phylloxéra, quand il est à l'état de larve-mère, pond ses œufs qui sont de forme un peu plats et allongés, d'une couleur d'un jaune-vert. Il les dépose par myriades dans les fentes ou dans les crevasses sur l'écorce des racines des ceps de la vigne, sous terre ; la première année pendant la belle saison les œufs du phylloxera éclosent, ils sont alors en état de larve, ils vivent du suc de la sève des racines sous terre, puis par un instinct tout particulier, ils se mettent à la recherche des radicelles ou nourrions des racines, sur lesquelles ils se garnissent en ganglions. Ces insectes les rongent et les dévorent avec avidité pour y puiser leur nourriture, ensuite les radicelles se pourrissent. Le phylloxera, une fois éclos, est un petit poux, il est aussi comme l'œuf d'un jaune-vert : il a six pattes, deux antennes et un suçoir qu'il implante dans l'écorce des racines des ceps où il en retire le suc de la sève pour se nourrir de notre précieux arbuste. En arrachant la souche d'un cep on l'aperçoit avec l'emploi d'une loupe, sur les radicelles et les racines, on voit qu'il implante son suçoir dans l'écorce des racines, pour se nourrir. Il se propage considérablement dans une vigne. Il épuise la sève des radicelles et des petites racines qui se pourrissent en grande partie, une fois rongées, elles ont bientôt disparu. Les grosses restent nues ; elles commencent à être gangrenées, cancérées la deuxième année. Ces insectes, en se nourrissant, grossissent. Vers la troisième année les grosses racines sont dépourvues de leurs radicelles et de leurs petites racines, il ne leur reste plus que le tronc. Alors on peut s'attendre que la vigne est réellement perdue et qu'elle crève, aucun remède, enfin aucun engrais ne peut y remédier à rétablir la végétation de la vigne, c'est ce qui arrive s'il y a trois ans que le phylloxera ronge la vigne. Il n'y a pas d'autre moyen que de l'arracher. Quant le pylloxera ne trouve plus de nourriture succulente pour se nourrir de la sève des racines, il abandonne la plante, puis en temps de sécheresse de l'été il passe par les fissures ou par les crevasses de la terre, à ceux des ceps voisins ainsi de suite il parcourt une vigne par partie isolée ou par carrés et en quelques années la vigne envahie est toute infectée de ces insectes si l'on n'y porte pas remède la première ou la seconde année par de bons engrais.

Dès que l'on aperçoit que la végétation de la vigne pousse de petits sarments que leurs feuilles sont coquillées et d'un jaune rougeâtre, ou bien d'un jaune d'un vert pâle, et que cela arrive vers les mois de juin et de juillet, se sont les premiers signes de symptômes de la présence du phylloxéra, en même temps ce qui amène le dépérissement des ceps, les souches qui avoisinent la première seront bientôt attaquée et dépériront à leur tour graduellement aussi. On ne s'aperçoit positivement que six mois après son invasion que le mal se révèle, surtout en voyant tomber les feuilles au moindre toucher ou bien elles tombent d'elles-mêmes, aux mois d'août et de septembre.

Les phylloxéras à la troisième année de leur grossissement, il y en a quelques-uns parmi eux qui se transforment en insecte ailé, ce qui nous ferait dire qu'il en existe deux catégories, ceux non-ailés et ceux ailés. Les phylloxeras ailés sortent par les fentes ou par les crevasses de la terre, ils volent dans l'atmosphère qui les transporte au loin dans l'air, par le moyen de leurs ailes, puis poussés par des vents, ils vont se poser dans d'autres localités de vignobles. C'est ce qui est arrivé à Craponne (Rhône) en 1873, dans la vigne de Jullien au territoire de Tourillon, aujourd'hui elle est presque toute crevée; ce ne peut-être que par le vent que le phylloxéra a été apporté en ce lieu.

On a seulement déchaussé quelques ceps à la fin de novembre 1876. On a trouvé à leurs pieds plusieurs de ces insectes ailés gros comme le petit fourchon d'une fourchette. Le phylloxéra étant porté par les vents, s'il tombe dans une vigne et qu'il se pose sur la surface des feuilles, il y dépose des œufs qui forment de petites galles d'où éclos un certain nombre de phylloxéra de l'espèce ailée, aussitôt que l'on en aperçoit on doit les enlever, les détruire ou les faire brûler. Les viticulteurs ou les vignerons doivent être vigilants et soigneux, porter attention toutes les années à leurs vignes, s'ils s'aperçoivent de tous les signes apparents indiqués ci-dessus, que le phylloxéra se soit mis par partie isolée ou se soit mis par carrés dans une vigne; on devra déchausser quelques ceps avec une bêche ou pelle et les regarder avec l'emploi d'une loupe, si on peut découvrir dans les crevasses de l'écorce des ceps, qu'il existe des phylloxéras, on devra y remédier de suite, y porter remède aux mois de février et mars prochain, jusqu'à ce que la sève de la vigne ne se manifeste aux bourgeons des ceps. On portera remède par un arrosage conditionné d'un mélange et par la fumure d'un bon engrais dont la recette ou le procédé à suivre, est donnée ci-après.

AUTRE RECETTE POUR DÉTRUIRE LE PHYLLOXÉRA ET LE GRIBOURI.

On fumera les carrés ou les parties isolées de la vigne, où se trouve le phylloxéra ou bien le gribouri qui fait ses ravages, par un engrais de bourres provenant des raclures de tanneries des peaux des animaux, auxquelles on mélangera un peu avec de la suie des cheminées ou de fourneaux, puis avec de la poussière de chaux, ensuite on arrosera le tas du mélange, avec un lait de chaux savonneux, en le remuant avec une pelle, puis on le laissera 5 à 6 jours au tas, afin que les substances aient le temps de se faire ensemble. On aura soin de mettre cet engrais de la grosseur d'une bonne poignée dans la terre entre les pieds des deux ceps, en faisant un trou de dix à quinze centimètres de profondeur, que l'on recouvrira d'une bêchée de terre. Cet engrais rend la poussée de la vigne vigoureuse, il détruit le phylloxéra et aussi le gribouri dans la vigne, mais, si dans le cas on ne puisse se procurer de la bourre des raclures de tanneries, on la remplacera par la matières de latrines, laquelle fera le même effet en la mettant avec une pelle dans les trous qu'on aura fait entre les pieds des deux ceps. Ensuite on y mettra une poignée de chaux et une poignée de suie, puis on arrosera dessus avec de l'eau beaucoup savonneuse, du savon de soude qu'on aura fait dissoudre : cela doit se faire avec un arrosoir ayant sa grille.

AUTRE PROCÉDÉ POUR DÉTRUIRE LE GRIBOURI, AVEC DEUX MOITIÉS D'ENTONNOIR.

On fera faire en fer-blanc deux larges moitiés d'entonnoir, avec chacun un rebord de fer-blanc autour, de 3 à 4 centimètres de hauteur, on leur fera chacun un évasement creux par côté au milieu, qui se trouveront en face où la douille devrait être placée. Dans les mois de juillet et d'août qui est le moment que les raisins grossissent, les gribouris font une espèce de gribouillage sur les feuilles de vigne et des ciselures sur les raisins qui les sèchent ou qui les empêchent de grossir. On peut leur faire la chasse tous les matins avant le soleil levé, parce qu'après le soleil levé, au moindre bruit qu'ils entendent ils tombent subito par terre, ils disparaissent à la vue, surtout dans les terrains pierreux où ils se cachent. Pour les prendre on tiendra de chaque main une moitié d'entonnoir dont on les posera doucement de chaque côté au pied du cep, mais bien jointes. Puis on prendra les pointes des sarments avec les mains on les secoura ; les gribouris tomberont dans les deux moitiés d'entonnoir. On les mettra dans un arrosoir ; quand on en aura assez ramassés, on les fera brûler. Tous les matins avant le soleil levé, aux mois de juillet et d'août, il faut aller suivre les ceps de la vigne dans les carrés ou dans les parties isolées où les gribouris font leurs ravages, exercer le procédé. En continuant cet exercice une année ou deux de suite on finit par détruire ces insectes. M. Passeau, propriétaire à Saint-Etienne en Beaujolais, me dit un jour qu'il détruisit les gribouris en 1841 et 1842 dans l'une de ses vignes, en employant le procédé ci-dessus.

L'ASPHYXIE.

L'asphyxie est une mort apparente contre laquelle on peut employer des moyens efficaces quand ils sont pris à temps et administrés avec intelligence.

On voit assez souvent dans une année, un certain nombre de personnes, qui périssent asphyxiées, faute de connaissances aux personnes qui sont autour d'elles pour leur rendre promptement les secours nécessaires pour les ramener à la vie; cela existe surtout dans la campagne, où l'on a pas de suite un médecin ou un pharmacien à sa disposition, comme dans une ville ou dans certains villages où ces hommes d'art sont établis.

Je reproduis ici, dans mon ouvrage, les procédés ou les moyens à suivre d'après l'illustre M. Boyard, d'Orléans, à seule fin que le public en prenne connaissance pour qu'il puisse rendre des services à l'humanité

ASPHYXIES PAR L'EAU.

Si un homme vient d'être noyé et qu'il n'ait séjourné dans 'eau que quelques minutes, retirez-le promptement, portez-le dans vos bras jusque sur le bord de l'eau, sans faire éprouver de secousses; placez-le sur son côté droit, le corps incliné, de sorte que la tête soit plus haute que les pieds; soulevez la tête, faites-la pencher légèrement en avant pendant une ou deux minutes en soutenant le front avec la main, pour faire sortir l'eau qui se trouve dans les narines et dans la bouche, portez deux de vos doigts jusqu'au fond de la bouche, pour ramener les glaires qui peuvent s'y rencontrer, si les mâchoires sont serrées, essayez de les écarter de force, quoique cependant avec douceur, à l'aide d'un morceau de bois uni ou bien avec un manche de couteau etc., et maintenez ensuite la bouche ouverte avec ce même objet que vous tenez à la main, ou avec un liége. Faites transporter doucement et déposer l'individu dans une habitation voisine et commode, en lui conservant le corps couché sur le côté droit, la tête élevée et couverte chaudement; coupez ses vêtements, parce qu'en cherchant à les défaire, les mouvements peuvent être mortels; enveloppez-le dans des couvertures de laine ou autres objets semblables.

Employez quelques personnes prudentes, à l'essuyer avec des morceaux de lainage chaud, puis à le réchauffer à l'aide d'un feu de flamme dont le malade doit être tenu à une certaine distance (car on doit faire attention que la chaleur ne soit pas forte parce que cela lui nuirait); on peut aussi faire usage d'une bassinoire, de fers à repasser, des sachets de cendres chaudes, de sel ou de sable échauffés, que l'on promène sur toute la surface du corps; de briques ou de pierres chaudes, de vessies pleines d'eau tiède que l'on applique aux pieds, sur le creux de l'estomac, sur la région du cœur, sous les aisselles; pendant ce temps-là, occupez-vous du rétablissement de la respiration en introduisant de l'air dans la poitrine, cela se fait en faisant passer doucement et par moment de l'air par les narines ou par la bouche soit avec un petit tube propre quelconque ou bien avec un petit soufflet.

On doit donner de temps en temps du repos à la poitrine; profitez de cet intervalle pour promener sous le nez des allumettes bien soufrées et enflammées, du papier, du linge ou du tabac allumé; quelques liqueurs spiritueuses, du vinaigre très-fort d'alcali volatil étendu d'eau dans un verre que vous répandrez sur un linge ou sur un mouchoir et que vous ferez sentir, vous en porterez même encore jusque sous les narines quelques gouttes à l'aide d'un morceau de papier roulé.

Vous chatouillerez aussi les lèvres et l'intérieur des narines avec les barbes d'une plume, du papier ou tout autre corps, et vous insufflerez dedans un peu de tabac ou du poivre en poudre.

Vous ferez donner des lavements tièdes, de la moitié de la seringue seulement, afin de les renouveler s'il le faut, ces lavements peuvent être composés de trois manières : 1° de deux tiers d'eau et d'un tiers d'eau-de-vie; 2° ou bien de trois quarts d'eau, d'un quart de vinaigre et d'une petite poignée de sel de cuisine; 3° ou bien encore de la décoction de quatre grammes de tabac en poudre ou à fumer, et d'une bonne pincée de sel de cuisine dans une pinte d'eau que l'on a fait réduire aux deux tiers pour une chopine pour une dose. Voici un remède encore très-efficace : Chargez et allumez deux pipes de tabac, abouchez les deux fourneaux l'un sur l'autre; mettez le tuyau de l'une dans le fondement de l'anus et soufflez par celui de l'autre et vous vous contenterez d'insuffler une médiocre quantité de cette fumée; vous cesserez quand le ventre sera un peu élevé et vous empêcherez la fumée de sortir en appliquant des linges mouillés sur le fondement de l'anus. Peut-être quelques personnes se récrieront sur la répugnance qu'inspire le traitement, n'ayez crainte de le faire quand il s'agira de sauver la vie de votre semblable.

Quels que soient les doutes que l'on ait cherché à élever sur les effets de l'introduction dans le fondement, de la fumée de tabac, l'emploi de ce moyen a été suivi de succès si remarquables que vous devez y recourir comme dernière ressource.

Vous terminez par faire brûler de petits morceaux d'amadou, de linge de toile, de drap ou du papier huilé, que vous appliquerez sur le creux de l'estomac, sur les côtés de la poitrine, sur le gros des cuisses et sur les jambes.

Lorsque les secours ont été donnés à temps et convenablement, le succès s'annonce ainsi qu'il suit :

La bouche se couvre d'écume, et à mesure qu'on l'essuie il en revient d'autre, des bulles d'air retenues par la salive se succèdent les unes aux autres, un petit bruit se fait entendre dans la gorge, les lèvres et les joues sont agitées de quelques mouvements, alors on enlève avec les doigts, portés dans la bouche, l'écume au fur et à mesure qu'elle se reproduit.

On profite de l'instant où le malade peut avaler pour lui donner quelques gouttes avec une cuillerée à café d'eau-de-vie pure ou camphrée, d'eau de Cologne avec le double d'eau dans un verre, puis du bon vin, ou même de l'eau salée, si on a rien de mieux sous la main. On recommence, chaque cinq à six minutes, jusqu'à ce que la faculté d'avaler soit bien rétablie, puis on en donne davantage, mais cependant pas trop en donner, en voulant en faire boire une plus grande quantité de liquide à la fois, avant ce moment, on le ferait infailliblement passer directement dans les voies de la respiration, et on tuerait celui que l'on veut sauver. Des envies de vomir qui succèdent à l'administration de la boisson peuvent exiger un vomitif, mais il faut attendre que le médecin arrive pour lui donner la potion pour le faire vômir et il fera ensuite les traitements qu'il faudra pour le sauver.

ASPHIXIE PAR LA VAPEUR DU CHARBON ALLUMÉ, PAR LE FOULAGE DES RAISINS DANS UNE CUVE, DE PLUS PAR LA VAPEUR DU VIN, DE LA BIÈRE ET AUTRES LIQUEURS EN FERMENTATION, PAR LA FUMÉE, PAR LES ODEURS, ETC.

Quand l'un de ces cas arrive, qu'une personne vient d'être asphyxiée, exposez-là de suite au grand air, couchez-là dans la rue, dans la cour, sur le pavé, la tête et la poitrine doivent être élevées; déshabillez-la complètement quelque froid qu'il fasse, car c'est le froid qui doit la sauver; jetez de l'eau froide, à flots, sur la tête, sur la poitrine et sur le reste du corps, ou placez, comme on le fait avec un grand succès, la tête du malade sous le robinet d'une pompe ou d'une fontaine, ou étendez-le sur la neige, s'il s'en trouve près de vous; frictionnez le corps avec des linges imbibés d'eau froide et de vinaigre; essuyez-le chaque trois ou quatre minutes, puis renouvelez les aspersions et appropriez et nettoyez-lui bien le corps, brossez l'épine du dos, la plante des pieds et la peaume des mains, et frappez dans celles-ci, soufflez de l'air dans la poitrine par les narines ou par la bouche avec un petit tube quelconque, ou bien avec un petit soufflet; administrez des demi-lavements d'eau froide, dans lesquels il entrera un tiers de vinaigre, lavez la figure et les narines avec du vinaigre pur. Si l'assoupissement persiste, si le corps est chaud, la figure fort rouge, les yeux saillants, faites mordre douze ou vingt-quatre-sangsues, selon l'âge, sur le cou en attendant l'arrivée du médecin qui pratiquera sans doute une saignée.

Si le visage est pâle et le corps est froid, abandonnez les moyens rafraîchissants et recourez aux réchauffants et à la chaleur prescrits comme pour les noyés; c'est le seul cas, dans lequel un lit chaud soit toléré.

Ne donnez pas au malade des vomitifs ni de la fumée de tabac, parce que cela serait nuisible dans l'asphyxie du de cette espèce.

Prolongez vos soins plusieurs heures avant de perdre l'espoir de sauver le malade; six heures et davantage ont été nécessaires, plus d'une fois pour rappeler l'asphyxié à la vie.

Lorsque l'asphyxié pourra avaler, donnez-lui quelques cuillerées de vin pur, cinq ou six gouttes d'alcali volatil, dans un verre d'eau froide sucrée, puis quelques cuillerées à café d'eau-de-vie pure ou camphrée, d'eau de Cologne avec le double d'eau, ou bien on lui donne de l'eau un peu salée si on n'a rien de mieux. On recommence chaque cinq à six minutes, jusqu'à ce que la faculté d'avaler soit bien rétablie, puis on en donne davantage mais cependant pas trop en donner, parce que les boissons nuiraient au malade au lieu de le rappeler à la vie, cela le tuerait en le gênant dans les voies de la respiration.

Quand l'asphyxié sera entièrement revenu à la vie, faites le coucher dans un lit chaud, et dans une chambre dont les fenêtres seront ouvertes, et éloignez les personnes inutiles qui veulent venir le voir dans la chambre.

SOINS PRÉSERVATIFS A PRENDRE POUR PÉNÉTRER DANS UN LIEU OU SE TROUVE UNE PERSONNE ASPHYXIÉE PAR LE CHARBON ET DANS LES CAVES OU IL Y A DU VIN; LES SOINS AUSSI A PRENDRE QUAND ON VEUT ENTRER DANS UNE CUVE POUR FOULER LES RAISINS.

Lorsqu'on voudra pénétrer dans un lieu où se trouve un asphyxié par le charbon, on ouvrira les portes et les croisées, on répandra en même temps, sur le sol, de l'eau froide en abondance, du vinaigre ou de l'eau de chaux.

On établira des courants d'air dans les fouleries et les caves où du raisin et du vin sont en fermentation et dont les portes ont été fermées pendant une journée ou plusieurs heures. On sera assuré qu'on peut entrer dans une cuve pour fouler les raisins qui sont dedans et qui fermentent beaucoup, quand une chandelle allumée brûlera au-dessus de cette cuve ; on sera aussi assuré d'entrer et de rester dans une cuve, si un flambeau reste allumé à la hauteur du visage, mais si la flamme s'éteint, la prudence exige que l'on attende que l'air soit renouvelé en tenant les portes et fenêtres ouvertes, autrement on court de grands risques d'être asphyxié.

Si on est surpris dans une chambre par une fumée épaisse, par exemple, comme celle d'un incendie, il faut de suite se coucher par terre et chercher à gagner la porte ou la fenêtre, à plat ventre, parce que la fumée tend toujours à monter et qu'il n'y en a pas à la surface du sol.

Nota. Si l'on craint d'entrer dans une cuve pour fouler les raisins en fermentation, on perce en avance plusieurs trous avec une perche ou avec un tras ou bien avec un petit plateau de bois circulaire troué et emmanché avec un long manche, la croûte hémisphérique qu'on appelle le *chapeau de la vendange*, afin de faire échapper ou dégager l'acide carbonique. On doit toujours mettre une forte perche ou un tras en travers sur la cuve à seule fin de se tenir appuyé et de se soulever avec les mains en cas que l'on sente que l'acide carbonique vienne vous surprendre. N'allez jamais fouler les raisins dans une cuve en état d'ivresse ni en sortant de manger, on risque d'être plutôt asphyxié qu'une autre personne qui n'aura point pris de nourriture.

UNE PERSONNE ASPHYXIÉE PAR LA CHALEUR.

Le traitement d'une personne asphyxiée de ce genre est le même quand elle est produite par la vapeur du charbon, du raisin, seulement on tirera du sang, au plus tôt du cou ou du bras avec une lancette, ou par des sangsues, si on ne peut faire mieux. On plongera la tête dans l'eau propre et froide, puis le corps tout entier, ou bien l'on fera des aspersions fréquentes avec cette même eau. On donnera à boire au malade de l'eau vinaigrée, si l'asphyxié peut avaler ; on lui administrera des lavements aussi d'eau vinaigrée. Jamais on ne doit employer des boissons échauffantes ni les bains tièdes parce que cela nuirait au malade pour cette espèce d'asphyxie.

Ce genre d'asphyxie peut avoir lieu dans un appartement dont l'air est trop échauffé et absorbé par un poêle ou par la respiration d'un grand nombre d'hommes ou de femmes tel que dans un établissement où l'on donne à boire, dans un théâtre ou dans une église dont les portes et les croisées sont fermées. Une personne qui a un cœur faible, un peu malade dont le sang la travaille, elle peut prendre un défaut de cœur elle peut tomber asphyxiée parmi le monde. On doit la relever de suite, et la transporter dehors pour lui faire prendre le grand air qui lui fera aussitôt du bien quand elle le sentira, puis en la tenant on lui fera sentir de l'eau de Cologne qu'on aura répandue sur un mouchoir ou sur un linge, ou bien on lui fera sentir du vinaigre de la même manière que celui de l'eau de Cologne, mais cependant si vous voyez que le malade ne reprenne pas la vie, frottez-lui avec du vinaigre sur la poitrine, faites-lui boire de l'eau fraiche vinaigrée, il est rare en employant ces moyens si le malade n'est pas rappelé à la vie.

L'asphyxie se produit aussi en rase campagne et sur les grandes routes par la trop grande chaleur de l'atmosphère, ou par l'action directe des rayons du soleil.

Le faucheur, le faneur, le moissonneur ou le voyageur qui est surpris pendant l'été de tournoiements, d'oppressions, d'étouffements, doit chercher un abri à l'ombre, à la fraîcheur, boire de l'eau vinaigrée qui lui ravigotera le cœur et lui fera du bien, plonger sa tête et ensuite tout son corps dans l'eau froide et propre.

Les animaux sont exposés au même accident que le monde; on a vu des chevaux mourir subitement sur les grandes routes pendant de fortes chaleurs. On doit les traiter comme les hommes.

On ira au-devant de l'influence de la chaleur et de la poussière sur les chevaux en voyage, à laquelle sont surtout exposés ceux des voitures publiques, de la poste et des rouliers, en leur faisant laver les narines, le fondement et le dessous du ventre avec de l'eau vinaigrée tout les douze à seize kilomètres de parcours de route.

L'ASPHYXIE PAR LE FROID.

Si une personne vient d'être asphyxiée par le froid, et qu'elle soit éloignée de l'endroit où elle peut être soignée; faites-la transporter sur le champ, en enveloppant son corps d'une couverture et en lui laissant la tête découverte.

Otez-lui ses vêtements, plongez-la dans la neige; c'est ce qui vous étonnera, n'ayez crainte de le faire, frotez-la doucement avec cette substance ou de la glace fondue, en vous dirigeant du ventre vers les extrémités; faites quelques minutes après, des frictions avec des linges trempés dans l'eau glacée, puis avec de l'eau un peu dégourdie, enfin avec de l'eau-de-vie camphrée; en un mot, on doit chercher à réchauffer le corps, non pas brusquement, en le mettant un peu éloigné d'un brasier de feu ardent, mais faites attention, chauffez le malade lentement et par degré. C'est ainsi qu'en faisant tremper une pomme gelée dans l'eau froide, elle se rétablit peu à peu dans son état naturel; tandis que si vous la mettez dans de l'eau chaude, elle se mettra en bouillie ou en marmelade, en la faisant dégeler de suite à la chaleur.

Si l'on ne peut se procurer ni neige ni glace, plongez le malade dans un bain d'eau froide, que l'on réchauffe doucement en ajoutant peu à peu de l'eau légèrement dégourdie d'abord puis de l'eau moins froide, puis enfin de l'eau tiède; frottez-le comme il a été dit ci-dessus, faites des aspersions d'eau froide sur le visage.

Chatouillez-lui les lèvres et l'intérieur des narines avec une plume; insufflez de l'air par la bouche dans les poumons doucement avec un tube quelconque ou avec un petit soufflet cela toutes les quatre ou cinq minutes; faites-lui un peu respirer d'alcali volatil.

Lorsque le corps commence à se réchauffer, que les membres ne sont plus raides, mettez le malade dans un lit sec, non bassiné, c'est-à-dire non réchauffé avec une bassinoire; faites faire des frictions avec une brosse sèche.

Il faut donner des lavements irritants comme ceux qu'on emploie pour les noyés. En attendant que le malade puisse avaler, mettez-lui quelques grains de sel de cuisine sous la langue; quand il pourra boire donnez-lui de l'eau-de-vie, de l'infusion de tilleul, du vin ou du bouillon; mais préférez l'eau vinaigrée, le café et la liqueur d'Hoffmann, à défaut de celle-ci on donne un verre à boire d'eau où l'on aura mis quelques gouttes d'alcali volatil s'il y a eu ivresse; mais en cas d'asphyxie, on le donne un peu à respirer au nez pour voir si le malade donne signe de vie.

RECETTE OU SOIN PRÉSERVATIF A PRENDRE, POUR DÉTRUIRE LE PHYLLOXÉRA DANS UNE VIGNE, AU MOYEN D'UN BON ENGRAIS QUE L'ON PEUT FAIRE SOI-MÊME, AU BESOIN DANS SA BASSE-COUR.

On détruira le phylloxéra en employant à la culture de la vigne un fort bon engrais, en établissant d'abord, dans une basse-cour, un silon ou une espèce de fosse ou creux, creusé peu profond dans la terre; ensuite le faire clore d'un mur d'enceinte construit en pierre de maçonnerie de peu de hauteur, à 60 centimètres hors du sol, pour y placer le tas de fumier que l'on veut entasser, par ce moyen on pourra empêcher que les substances nutritives ne soient détrempées et entraînées dans la cour ou par les chemins par les eaux pluviales; mais mieux serait si l'on pouvait mettre le tas de fumier à couvert des eaux pluviales; en employant ce moyen préservatif l'engrais serait meilleur parce qu'on conserverait et l'on retiendrait les substances nutritives du tas de fumier quand on voudrait l'employer à la fumure de la vigne.

Le tas de fumier qu'on entassera dans cette espèce de fosse ou creux, il faut qu'il provienne essentiellement des litières des chevaux ou bien de celles des litières des bestiaux, des moutons, des chèvres, de la colombine, des volailles et des pigeons, que l'on mélangera avec la matière des latrines, de la poussière de chaux; à défaut de celle-ci, on prendra de la chaux vive en pierre que l'on fera tomber en poussière en la laissant un peu reposer à l'humidité, laquelle ne serait que meilleur epour faire le mélange du tas de fumier, de plus encore si l'on peut y ajouter de la suie provenant des fourneaux et des cheminées. Il faut arranger le tas de fumier avec précaution, en l'amoncelant couche par couche. On arrosera sur chaque couche de fumier, qu'on fera avec des eaux salées restantes du ménage et aussi avec de l'urine, puis encore avec celle des chevaux et des bestiaux qu'on aura recueillie en dehors d'une écurie, dans un creux ou dans une fosse construite à cet effet, où l'urine s'y rend par un trou pratiqué dans l'un des gros de mur de l'écurie. L'urine en y séjournant dedans et croupissant, prend le nom vulgairement appelée du vivier. Ce mélange d'engrais que j'indique ci-dessus est déjà suffisant pour détruire le phylloxéra; mais si l'on veut qu'il ait plus de force, d'efficacité, on mélangera ou on parsemera un peu de partout dedans et dessus le tas de fumier, à mesure qu'on l'amoncelera couche par couche, avec du pain moulu ou bien assez fin concassé, du marc de l'huile de colza, de même aussi de la suie des cheminées et des fourneaux, etc. Toutes ces substances d'engrais naturels de nutrition, indiquées ci-dessus, mélangées ensemble, en les laissant fermenter en tas, pendant quelque temps ou quelques mois, avant de les employer, forment un seul et fort bon engrais, suffisant pour détruire le phylloxéra et le gribouri ; il fait aussi pousser vigoureusement les sarments de la vigne.

On mélangera dedans 50 litres d'eau, un litre d'essence de térébenthine et 1/2 kilo de sel marin que l'on remuera le tout ensemble avec une pelle ou avec un bâton. Ensuite on arrosera avec cette quantité de mélange par autant de trois mètres cubes que contiendra le tas de fumier. En l'arrosant avec ces dernières substances en liquide, le fumier comme je viens de le dire, prend plus de force d'efficacité pour détruire l'insecte rongeur.

Le mélange d'eau de savon avec l'essence de térébenthine donne une odeur forte et plus pénétrante qui est un poison contre le phylloxéra, en étant mélangé avec l'engrais du fumier, il détruit même leur génération. Les personnes qui emploieront le vivier, les eaux salées restantes du ménage, l'urine et l'essence de térébenthine rendront leur engrais beaucoup meilleur pour détruire le phylloxéra et d'autres insectes nuisibles à la vigne.

Il ne faut jamais employer l'eau pure de sel de soude, ni celle de la potasse, ni la potasse elle-même, et encore moins un acide actif, parce qu'on risquerait de brûler les radicelles et les petites racines des ceps de la vigne.

On laissera le tas de fumier quelques mois dans la fosse ou creux, à seule fin que toutes les substances nutritives aient le temps de se pourrir et de se fermenter ensemble. Quand on voudra employer l'engrais on rayera la vigne, c'est-à-dire l'espace entre les ceps de dix à douze centimètres de profondeur. On y mettra assez du fumier de l'engrais qu'on aura fait ; on doit faire ce travail avec un trident dans les raies entre les ceps ; on recouvrira *de suite* après le fumier dans les raies avec la terre qui aura débordé de chaque côté quand on les a faites ou bien mieux faire la première façon afin que le fumier ne sèche pas, parce qu'en négligeant le sarclage les substances nutritives sècheraient et perdraient leur valeur ou leur force pour la nourriture des radicelles du cep.

Le meilleur temps pour fumer les vignes, c'est au temps des avents, dans l'hiver ou au commencement du printemps, afin que l'engrais puisse faire beaucoup d'effet la première année où on l'aura mis pour détruire le phylloxéra ; le même engrais détruit aussi le gribouri et les différents pucerons qui sont nuisibles à la vigne.

On fumera la vigne tous les trois ans où le phylloxéra aura fait ses ravages, surtout, dans les parties isolées ou dans les carrés de la vigne où l'insecte s'était fixé, l'engrais que j'engage de faire ci-dessus contient différentes substances nutritives : les unes ont le goût âcre et acerbe ; les autres ont le goût amer et salin, puis d'une odeur pénétrante et aussi d'une acidité naturelle pour ne pas nuire aux radicelles et aux autres racines du cep.

L'engrais que l'on mettra dans la vigne rétablira d'abord les terrains maigres qui sont devenus morts par l'usure de longues années de culture. L'engrais que l'on mettra dans la vigne donnera la même goût à la sève et à l'écorce des radicelles et des racines du cep, en se le nourrissant, lequel est un poison pour les insectes rongeurs, il les fera crever. La poussée de la vigne après sera vigoureuse et produira des raisins.

Déjà des viticulteurs et des vignerons, en faisant de cet engrais, et l'employant à fumer la vigne, ont réussi à faire crever le phylloxéra et le gribouri dans leurs vignes.

AUTRE PROCÉDÉ TRÈS-EFFICACE ET FACILE A FAIRE POUR DÉTRUIRE LE PHYLLOXÉRA ET LE GRIBOURI DANS LES CEPS DE VIGNE.

Quand une vigne aura des parties isolées ou des carrés, où l'on connaîtra, qu'ils sont atteints du phylloxéra ou du gribouri, il faudra d'abord déchausser tous les pieds des ceps, avec une bêche, en leur faisant des trous circulaires, autour d'eux, de 20 cent. de largeur à partir du pied du cep, par 08 à 10 cent. de profondeur, ensuite on portera sur les lieux une benne ou un baquet plein de matière des latrines assez claire ; on puisera dedans avec une pelle en bois, ou un arrosoir sans grille, ou bien avec un bassin de métal quelconque ; puis on videra la matière dans chacun des trous au pied des ceps, à raison de la contenance d'un litre. Ensuite on leur mettra dessus une pellée ordinaire de poussière de chaux et une pincée de fleur de soufre sur la chaux autour du cep, que l'on recouvrira de suite après de la même terre que l'on aura ôtée en premier lieu, pour faire les trous circulaires. On doit faire attention que ces deux engrais doivent se mettre dans le courant des mois de novembre ou de décembre ou bien de janvier pour qu'ils fassent leur effet pour l'année qui suit. De plus au commencement du mois de mars ou d'avril il faudra rayer la vigne dans les parties isolées ou dans les carrés, où l'on a déjà mis les deux premiers engrais ; on fera les raies profondes, comme on les fait ordinairement, on leur mettra dedans tout au long assez de fumier des chevaux, des bestiaux ou des moutons, etc., et qu'il soit assez fait ou pourri, on ne le laissera pas sécher au soleil, ni aux orages, tant moins que possible, on fera de suite après le sarclage ou la première façon de la vigne: les ceps pousseront la même année des sarments vigoureux durant le printemps et l'été, et l'année d'après les yeux des sarments des ceps de l'année précédente pousseront d'autres sarments qui rapporteront des raisins. Ces engrais il faut les mettre la première ou la seconde année qu'on s'est aperçu que le phylloxéra ou le gribouri s'est fixé dans les parties isolées ou dans les carrés d'une vigne, autrement s'il y a déjà trois ans que le phylloxéra existe dans ces parties-là, il est inutile d'y faire du travail et d'y mettre des engrais, parceque l'insecte a rongé les radicelles et les petites racines ; la grosse racine du cep est gangrenée et cancérée de ces insectes, enfin en partie elle est pourrie et ne pouvant plus prendre de nourriture d'aucun engrais, alors la vigne n'est bonne qu'à être arrachée du jour au lendemain.

Cette épreuve pour détruire ces insectes a été faite par un propriétaire des environs de Lyon ; il a réussi ; la vigne s'est rétablie dans un bon état comme auparavant.

J'engage les vignerons d'employer ce procédé d'engrais pour détruire le phylloxéra et le gribouri. Ils verront qu'ils en seront récompensés du travail et des frais des engrais qu'ils y auront employés : les propriétaires et les vignerons qui ne craindront pas de faire des frais pour détruire le phylloxéra ou le gribouri, feront bien de mélanger un demi-kilo de sel de cuisine et un demi-litre d'essence de térébenthine par chaque hectolitre de matière des latrines, en la brassant bien dedans avec une pelle ou un bâton.

L'engrais pour cela n'en sera que meilleur, c'est-à-dire qu'il aura plus de force, d'efficacité pour détruire le phylloxéra ou le gribouri, parceque la matière sera plus saline et d'une odeur plus pénétrante à étouffer les insectes rongeurs.

Nota. — Je rappelle encore aux viticulteurs et aux vignerons qu'ils doivent être intelligents, vigilants et soigneux, puisque c'est dans leurs intérêts, de savoir ce qui passe dans leurs vignes. D'abord aussitôt qu'ils s'apercevront au mois de juin et juillet que la végétation des sarments des ceps de la vigne, pousse peu et rabougrie ; les feuilles de la vigne deviennent coquillées, rougeâtres, ou bien que les feuilles deviennent d'un jaune vert pâle et qu'elles tombent aisément de bonne heure ou qu'elles tombent au moindre toucher avec la main, aux mois d'août et septembre, ils seront assurés que le phylloxéra s'est fixé dans leurs vignes par parties isolées ou par carrés toujours en s'élargissant jusqu'à s'emparer d'une vigne entière ; si la même année ou la seconde année qu'on s'en aperçoit, on n'y porte pas remède, la troisième année, c'est la mort pour elle ; les racines et les radicelles sont rongées et pourries, les troncs des ceps ne reçoivent plus de nourriture. Alors il n'y a pas d'autres moyens que d'arracher la vigne, puis de laisser reposer le terrain calcaire en le défonçant et en l'amendant cinq à six années de suite ou en lui faisant des assolements. La terre étant remuée et retournée plusieurs fois, en lui donnant toutes les années une culture variée et de bons engrais nutritifs, afin que pendant ce laps de temps la terre soit purgée et purifiée de l'insecte du phylloxéra, avant que l'on y puisse replanter de la vigne dans le même terrain pour qu'elle puisse pousser des sarments et produire des raisins.

PROCÉDÉ OU MÉTHODE POUR ARRÊTER L'OIDIUM OU LA MALADIE DES RAISINS, PENDANT L'ANNÉE DANS UNE VIGNE OU DANS UNE TREILLE.

L'oïdium est une maladie qui survient aux raisins, il commença à paraître dans les vignobles du Lyonnais, aux mois de juillet en 1850, 1851 : il fit beaucoup de mal à la récolte des raisins, on n'obtenait pas même de bons vins dans différentes localités, il en est de même aujourd'hui. Je vous dirai que dans des vignes et dans des treilles, les raisins se couvrent d'une poudre blanche, après leur fleuraison, qui croit dessus les graines des raisins comme une espèce de champignon, elle les durcit à mesure qu'elles croissent, elles prennent des taches noires avant qu'elles arrivent à leur maturité ; enfin la poudre les dessèche et les fait dépérir.

L'oïdium survient sur les raisins toujours plutôt par un été de pluies, de fortes rosées et d'humidité que par un été de chaleur et de sécheresse. Il y a des raisins sur les sarments des ceps, à côté de ceux qui ont la maladie, qui ne la prennent pas ; c'est une chose curieuse à n'y rien comprendre, puisque nos hommes d'art en chimie, et en physique, jusqu'à ce jour, n'ont pas encore trouvé qu'elle est la cause positive qui fait produire l'oïdium ; chacun y conjecture dessus sans avoir encore rien découvert.

Cependant nos agronomes viticulteurs, en faisant différentes épreuves sur les raisins, ont trouvé, qu'en soufrant deux fois les raisins après leur fleuraison, de dix à quinze jours d'espace de temps, du premier soufrage, on arrêtait le cours de l'oïdium ou de la maladie sur les raisins. Le premier soufrage doit se faire avec de la fleur de soufre seulement, sans employer aucun autre mélange d'une substance quelconque, sitôt après la fleuraison passée. Le deuxième soufrage doit se faire dix à quinze jours après, mais la deuxième fois pour économiser pour le soufrage on peut mélanger 300 à 400 grammes de poussière de chaux, bien sèche, avec 600 à 700 grammes de fleur de soufre pour le poids d'un kilo ; mais si dans le cas, l'on ne pouvait pas se procurer de la poussière de chaux, on prendra des pierres de chaux qu'on laissera tomber en poussière, par l'humidité de l'air atmosphérique. On passera la chaux dans un tamis fin avant que de la mélanger avec la fleur de soufre.

La fleur de soufre mélangée avec la chaux, employée pour le soufrage, quand les graines des raisins sont déjà grosses comme de gros plombs ne leur fait aucun mal, l'on obtient le même résultat que si l'on employait la fleur de soufre seule. La fleur de soufre en gros se vend 35 fr. les 100 kilos, mais en détail elle se vend 38 à 40 fr.

MÉTHODE POUR SOUFRER LES RAISINS DES VIGNES ET DES TREILLES.

Pour soufrer les raisins des vignes et des treilles, on se sert d'un soufflet, mais il vaut mieux se servir d'une houppe ou d'une grille d'un arrosoir ; ces instruments sont beaucoup plus commodes et plus expéditifs que le souflet à soufrer les raisins, parce que de la main droite on tient la houppe ou la grille d'arrosoir, et de la main gauche on écarte les sarments et les feuilles des ceps pour mettre les raisins à découvert, afin d'avoir plus de facilité pour les soufrer, puis avec la houppe ou la grille d'arrosoir, on lui donne deux ou trois secousses pour faire tomber la fleur de soufre sur les raisins, quand même qu'une partie de la fleur de soufre tomberait sur les feuilles, cela n'y fait rien, elle garantit de même le cours de la maladie des raisins ; il paraît que l'air atmosphérique fait communiquer la fleur de soufre sur les graines des raisins.

Le soufrage doit toujours se faire par un beau temps et sec, et non pas par un temps de pluie et de rosée ; il faut nullement que les feuilles de sarments soient mouillées et ni les raisins pour que la fleur de soufre fasse bien son effet d'efficacité pour arrêter le cours de l'oïdium.

M. Grison aîné, pharmacien et épicier-droguiste, dans la rue Lanterne, au Pilon-d'Or, qui est décédé en 1873, possédait un vignoble dans la commune de Limas, près de Villefranche-sur-Saône, il s'occupait avec précaution de soufrer les raisins de son vignoble deux fois par année ; il faisait le premier soufrage, aussitôt que la floraison des raisins était passée ; le deuxième dix à quinze jours après. Il réussissait toujours toutes les années à cueillir de beaux raisins et à faire de bonnes récoltes et de bon vin aux vendanges.

Pour soufrer les raisins, il se servait tout simplement d'une grille d'arrosoir. Aussi disait-il, cet instrument vaut mieux et est plus commode à s'en servir pour soufrer que tous les autres instruments que l'on construit.

M. Grison se faisait un plaisir d'engager les vignerons de différentes localités à suivre sa méthode pour le soufrage des raisins dans leurs vignes.

M. Brutillon, propriétaire à Grézieu-la-Varenne (Rhône), pour arrêter l'oïdium ou la maladie des raisins dans sa vigne, l'année 1878 il a soufré trois fois ses raisins. La première fois après la floraison passée, la deuxième fois, dix à douze jours après le premier soufrage ; la troisième quelques jours avant que les raisins commencent à changer de couleur pour prendre leur maturité. Il a parfaitement réussi, il a cueilli de beaux raisins et il a fait une bonne récolte de vin, puisque sur 4,300 ceps, il en a fait douze pièces, tandis que son beau-frère M. Combet et sa belle-mère Gayet, possédant 15,700 ceps dont les vignes sont contiguës à celles de M. Brutillon, ils n'ont fait que quatre pièces de vin, encore médiocre en qualité; cela provenait parce qu'ils n'avaient pas eu la précaution de soufrer leurs raisins dans leurs vignes qui avaient beaucoup la maladie de l'oïdium.

M. Brutillon, dans les deux derniers soufrages, mêlait un peu de la poussière de chaux sèche avec la fleur de soufre. La poussière de chaux mélangée avec la fleur de soufre a la propriété d'ôter ou de diminuer le goût de soufre que le vin pourrait conserver dans des années de sécheresse.

M. Brutillon, pour soufrer ses raisins dans sa vigne, s'est toujours servi d'une houppe.

SUPPLÉMENT DE L'OUVRAGE

POUR DÉTRUIRE LE PHILLOXÉRA, LE GRIBOURI ET D'AUTRES INSECTES NUISIBLES AUX CEPS ET AUX RÉCOLTES DE LA VIGNE.

Méthode préventive et préservatrice à suivre, d'un liquide fait en lait de chaux, qu'on mettra autour des ceps, en dehors de terre.

On fera un liquide en lait de chaux, un peu épais, c'est-à-dire que ce liquide soit fait comme une bouillie, que l'on emploiera aux ceps de la vigne, avant qu'on emploie l'engrais nutritif ou de nutrition : lequel est très-efficace pour détruire les œufs des insectes qui sont cachés dedans ou sous l'écorce des ceps en dehors de terre; ce liquide les empoisonne ou les fait crever radicalement, quand il arrive le moment que les insectes viennent à éclore ou qu'ils sont en larve. D'abord on déchaussera un peu les ceps de la terre qu'ils ont autour d'eux, ensuite on prendra un pinceau, on les enduira ou on les badigeonnera partout en dehors de terre, dans les carrés ou dans les parties isolées de la vigne, où le phylloxéra, le gribouri et les autres insectes rongeurs se seront fixés.

Composition du liquide en lait de chaux avec d'autres substances différentes.

1° On mettra dix ou douze litres d'eau dans un petit baquet ou dans un chaudron, ou bien dans une grande marmite, etc.

2° Un kilo et demi de chaux vive environ, éteinte par la fusion de l'eau ;

3° 125 grammes de fleur de soufre.

4° 100 grammes d'essence de térébenthine ou bien on en mettra un plein verre, mais pas davantage.

5° 250 grammes de sel marin ou de sel de cuisine.

On délayera bien ces substances toutes ensemble avec une spatule ou avec une petite pelle ou bien avec un autre objet, pour bien faire le mélange dans le baquet ou dans le chaudron ou dans la marmite, etc.

On ne devra enduire ou badigeonner les ceps qu'au mois de février et au mois de mars, c'est-à-dire qu'il faut faire ce travail, toujours avant que la poussée des sarments de la vigne ne se manifeste.

Nota. — Le fumier provenant de la litière du cheval et celui du bétail, employés seuls ne détruisent pas le phylloxéra, ni le gribouri et ni les autres insectes rongeurs, s'ils ne sont pas bien faits ou bien pourris, au contraire ils les propagent, s'ils ne sont pas mélangés avec d'autres engrais acides, salins et amers d'une forte odeur suffocante ; cela est prouvé par des viticulteurs et des vignerons qui ont fait par différentes fois des fumures de ces engrais à leurs vignes.

Je vous dirai que dans les temps humides, par exemple, à la fin de l'automne et dans l'hiver où l'humidité rentre dans la terre ; ces insectes se tiennent et vivent cachés dessous et dans le fumier des litières pour y être tenus chauds, par conséquent ils y passent l'hiver, jusqu'au printemps, puis ils pondent et ils propagent leurs générations d'insectes à l'infini.

Tableau de bons engrais nutritifs pour détruire le phylloxéra, le gribouri et d'autres insectes rongeurs, dans les radicelles et dans les racines des ceps de la vigne, après qu'on les aura enduits ou badigeonnés en dehors de terre.

1° On emploiera l'engrais nutritif ou de nutrition que j'ai indiqué dans cet ouvrage, en le laissant, comme je l'ai dit, fermenter quelques mois dans la basse-cour; ou bien à défaut de celui-ci, on emploiera un de ces engrais suivants ci-dessous qui sont aussi très-efficaces pour détruire les insectes.

2° L'engrais des raclures des peaux de tanneries en y ajoutant un peu de la poussière de chaux; quoique cependant que cet engrais en contienne déjà par lui-même; si je conseille d'y ajouter encore de la poussière de chaux, c'est afin de donner à l'engrais plus de force d'efficacité.

3° L'engrais de la cornaille, en y mêlant un peu de la poussière de chaux.

4° L'engrais de la poussière de chaux mêlée avec de la matière des latrines, puis en y parsemant partout dans le mélange du pain de colza réduit en poussière.

Quand un de ces engrais sera employé ou mis dans les trous autour et aux pieds des ceps, il faudra de suite après, recouvrir les trous de terre avec une bêche ou bien avec une pelle, afin d'empêcher que l'engrais ne sèche pas au soleil, ni à l'air atmosphérique, parce que en séchant, l'engrais n'aurait plus la même force d'efficacité pour détruire les insectes rongeurs qui font tant de mal à nos riches vignobles dans plusieurs localités de la France.

TABLE DES MATIÈRES.

Avant-propos..	3
Art de cuber toutes espèces de fûts........................	7
Méthode à suivre pour mesurer un foudre dont les diamètres intérieurs du bouge et ceux du fond peuvent être inégaux ainsi que les longueurs intérieurs.....................	17
Connaître la quantité de litres de vin contenus dans une cuve elliptique ou ovale...	20
Tableau des dimensions des nouvelles futailles pour le vin et pour les autres liquides.......................................	22
Tableau des dimensions des bareilles ou pièces de vin et feuillettes Lyonnaises, Beaujolaises et Mâconnaises...........	23
Trouver la contenance de litres dans une cuve, d'après le rapport de Métius...	23
Tableau de la contenance en litres des fûts des différents pays de France...	25
Contenance des principales bouteilles........................	25
Manière de se servir d'un barême ou des comptes faits pour les futailles..	26
Trouver la contenance d'une pièce de vin.....................	26
Trouver la contenance d'un tonneau ou bien d'un foudre......	26
Manière de trouver la contenance d'une cuve à confectionner.	27
Tableaux des comptes faits pour trouver la contenance des futailles ou d'autres objets.................................	28
Petit traité élémentaire des tonneliers ou l'art de se perfectionner dans la profession de tonnelier...................	34
Tableau des vraies proportions des barils depuis 1 jusqu'à 100 litres...	36
Tableau de la vraie proportion des brocs depuis 1 jusqu'à 15 litres...	36
Méthodes simples et faciles pour cuber les bois équarris.....	37
Méthodes pour trouver la hauteur d'un arbre sur plante ou non abattu...	40
L'art de cuber les bois ronds en grume.......................	42
Cuber une pièce de bois rond au 5me ou au 6me déduit......	45
Trouver le plus grand équarrissage d'un arbre rond abattu...	48
La pesanteur spécifique des principaux arbres verts..........	54
Manière de déterminer le poids d'un arbre vert..............	54
Baromètre de la nature si connu des experts cultivateurs.....	55
Variation du temps d'après la nature........................	56
Notice du père Benoît sur la variation du temps au mois de juin...	57
L'influence que la lune Rousse exerce sur la végétation......	59
Précautions à prendre pour se préserver du tonnerre ou de la foudre...	61
Le tonnerre, sa composition et les moyens à prendre pour se garantir de la foudre.....................................	62

Anecdote sur le feu follet....................................	64
Anecdote sur la paroisse de Pollionnay quand la foudre tomba sur le clocher, en 1788....................................	65
Noms et prénoms des quatre hommes qui furent tués par la foudre....................................	69
Anecdote quand la foudre tomba sur la commune de Coise.	70
Quelles sont les causes que la foudre tombe souvent au hameau de Pont-Chabrol....................................	72
Anecdote quand la foudre tomba sur la maison de M. Chalamel, à Grézieu-la-Varenne....................................	73
Anecdote sur le vin et l'influence qu'il exerce sur le corps et sur l'esprit humain....................................	75
Anecdote dans quel village de la Gaule lyonnaise, où l'on planta le premier plant de vigne....................................	75
Précautions à prendre pour les soutirages des vins, pour leurs transports et pour les conserver....................................	76
Recette pour conserver la piquette de vigne ou l'eau de gêne.	77
Manière d'employer l'acide tartrique en poudre dans la piquette....................................	78
Autre bonne recette pour conserver la piquette de vigne.....	79
Recette pour remédier les vins troublés, les vins tombant à la graisse et filant comme l'huile....................................	79
Recette pour ôter le goût de moisi, d'évent et de fût.........	80
Autre recette pour ôter le goût d'aigre....................................	80
Secret pour savoir s'il y a de l'eau dans le vin....................................	80
Autre secret....................................	81
Secret pour reconnaître si le vin contient de l'alun....................................	81
Secret pour reconnaître si le vin contient du plâtre....................................	81
Le gribouri ou la barbirotte....................................	81
Recette pour détruire le gribouri ou la barbirotte....................................	82
Les charançons....................................	82
La pyrale....................................	82
Recette pour détruire la pyrale....................................	83
Recette pour garantir la maladie des raisins dans les treillages	84
Choix du terrain propre à nourrir la vigne par l'exposition et à lui donner du bon vin....................................	84
L'invention de la construction des vases, des futailles et le choix des bois dont on doit se servir pour les construire..	85
Anecdocte sur le vin et l'influence qu'il exerce sur le corps et sur l'esprit du genre humain....................................	86
Notice sur les terrains où le phylloxera et le gribouri fixent leur demeure pour se propager et pour se nourrir des radicelles et des racines de la vigne....................................	87
Notice spéciale pour reconnaître le phylloxera, les ravages qu'il fait à la vigne, moyen aussi de reconnaître s'il est dans la vigne....................................	88
Autre recette pour détruire le phylloxera et le gribouri.....	90
Autre procédé pour détruire le gribouri, avec deux moitiés d'entonnoir....................................	90
L'asphyxie....................................	91

Asphyxie par l'eau...	92
Asphyxie par la vapeur du charbon allumé, par le foulage des raisins dans une cuve, etc., etc.......................	94
Soins préservatifs à prendre pour pénétrer dans un lieu où se trouve une personne asphyxiée par le charbon, etc., etc...	95
Une personne asphyxiée par la chaleur.....................	96
L'asphxie par le froid...	97
Recette ou soin préservatif à prendre pour détruire le phylloxera dans une vigne, au moyen d'un bon engrais que l'on peut faire soi-même, au besoin dans sa basse-cour........	99
Autre procédé très-efficace et facile à faire pour détruire le phylloxera et le gribouri dans les ceps de vigne..........	101
Procédé ou méthode pour arrêter l'oïdium ou la maladie des raisins, pendant l'année, dans une vigne ou dans une treille	103
Méthode pour souffer les raisins des vignes et des treilles.....	104
Supplément de l'ouvrage pour détruire le phylloxera, le gribouri et d'autres insectes nuisibles aux ceps et aux récoltes de la vigne..	106

Lyon. — Imp. L. BOURGEON, rue Mercière, 92.